7 PASOS PARA CONVERTIR TU OSCURIDAD EN LUZ

El plan de Dios para adicciones, cárceles y otros lugares oscuros

CAPELLÁN
Patrick Day

Derechos de autor © 2020 por Patrick Day

Minneapolis, Minnesota
patrickday@pyramidpublishers.com

Todos los derechos reservados. Ninguna parte de esta publicación puede ser reproducida, almacenada en un sistema de recuperación, o transmitida en cualquier forma o por cualquier medio, electrónico, mecánico, fotocopiado, grabación, o de otra manera, sin el permiso previo por escrito del autor.

Impreso por Lightning Source
1246 Heil Quaker Blvd. La Vergne, TN Estados Unidos 37086
ISBN – 978-1-7351068-2-3

A menos que se indique lo contrario, las citas de las Escrituras son de La Santa Biblia, Nueva Versión Internacional®, NIV®. Copyright © 1973, 1978, 1984, 2011 por Bíblica, Inc. Utilizado con permiso de Zondervan.

Diseño de portada por Myron Sahlberg
Dibujos por Myron Sahlberg
Diseño de interiores por Van-garde Imagery, Inc.
Impreso en los Estados Unidos de América

Los hombres y las mujeres de este libro son personas reales con problemas reales, impactados por Jesucristo, que murió en la cruz por sus pecados hace 20 siglos. He interactuado personalmente con todos ellos durante largos períodos de tiempo. He cambiado sus nombres y suficientes detalles para que solo ellos puedan reconocerse a sí mismos.

CAPELLÁN
Patrick Day

Mi propia prisión de la oscuridad

Conozco la oscuridad sobre una base personal. Desde la primavera de 2006 hasta el invierno de 2010, soporté una depresión profunda y completa tan horrible que anhelaba la muerte. Al principio, la oscuridad total me rodeaba entonces comenzaron a aparecer destellos de luz.

Durante los primeros dos años la depresión fue mi prisión perpetua, mi adicción y el lugar más oscuro imaginable. Nada trajo ninguna luz. Me hundí en una silla reclinable durante horas y horas, sin poder leer nada ni ver televisión, como un cadáver acostado en un ataúd. No podía dormir, comer, o traer alivio a mi cuerpo. Salía de la casa lo menos posible. También fue muy duro para mi familia.

Había sido un creyente nacido de nuevo durante 25 años y pensé que Dios y yo éramos amigos. Leí fielmente la Biblia, fui a la iglesia religiosamente y estuve en el mismo grupo de hombres cristianos por más de 20 años. Me aseguré de que mis dos hijos fueran a la Escuela Dominical y a la iglesia, incluso cuando no querían hacerlo.

Pero no había mucha profundidad en mi relación con Dios el Padre y su Hijo, Jesucristo. Había estado remando en las aguas poco profundas. Cuando llegó la depresión, no estaba espiritualmente equipado para ello. Era como un hombre que se hundía en arenas movedizas, incapaz de salir de ellas e inseguro de cómo buscar ayuda. No era lo suficientemente estable como para comprometerme con Dios, leer la Biblia u orar. La oscuridad era demasiado poderosa.

En mi desesperación, le rogué a Dios que me ayudara, pero no podía acercarme lo suficiente a Él como para escuchar Su voz. En el otoño de 2007, después de un reemplazo total del hombro, mi brazo derecho quedó paralizado durante un mes y la oscuridad me abrumó.

En mi punto más bajo, le declaré a Dios: "Me doy por vencido. Me pongo en tus manos".

Eso es lo que Él quería escuchar, supongo. Una paz me inundó en un momento de mi vida donde la esperanza no se encontraba. Un neurólogo me había dicho que recuperaría la sensación en mi brazo, pero no le creía. Temía que mi brazo estuviera paralizado para siempre. Cuando me di por vencido y confié en Dios supe que mi brazo sería sanado, y así fue.

La bondad amorosa de Dios se puso en marcha, y Él se involucró en mi vida más de lo que podría haber imaginado. No fui sanado en un instante, pero mi viaje hacia la recuperación había comenzado. Despedí a un psiquiatra malo e incompetente que me había hecho más daño que bien. Al día siguiente, Dios me llevó a un maravilloso psiquiatra que encontró la combinación correcta de medicamentos para comenzar a estabilizarme. Al mismo tiempo, el Señor puso un psicoterapeuta empático y sabio en mi camino que ayudó a sanar mi mente, voluntad y emociones. Unos meses más tarde, un ministro piadoso oró conmigo y me ungió.

En resumen, mi curación fue un taburete de tres patas que continuó durante tres años hasta que hice mi escape final de la depresión. La estabilización de la química de mi cerebro con medicamentos fue lo primero. La curación de mi corazón y alma a través de la psicoterapia siguió. Y finalmente experimenté la curación espiritual por la Luz que brilla en la oscuridad.

Mi escape final de la terrible oscuridad de la depresión a la luz de la cordura finalmente vino siguiendo los 7 pasos presentados en este libro. Renové mi salvación, me alineé con el verdadero norte de Dios, puse a Jesús primero en mi vida, comencé a leer la Biblia diariamente de nuevo y oré como si mi vida dependiera de ello. Mi Dios se convirtió en mi todo en todo.

He escrito un libro sobre mi oscuridad y encontrar la luz de la vida.

Se llama *Cómo escapé de la depresión* y está disponible en Amazon. Si escapé de la oscuridad, ¡tú también puedes!

Tabla de contenido

Mi propia prisión de la oscuridad iii

Capítulo uno	¿Qué diferencia hace Jesús?.	1
Capítulo dos	¿Por qué soy un pecador?.	9
Capítulo tres	Paso 1: Asegúrese de que es salvo.	21
Capítulo cuatro	Paso 2: Planea seguir el camino de Dios. . . .	30
Capítulo cinco	¿Quién es el verdadero Jesús?.	38
Capítulo Seis	Paso 3: Pon a Jesús primero en tu corazón. . .	44
Capítulo Siete	Sé lleno más de Dios que de ti..	51
Capítulo ocho	Paso 4: Planea leer la Biblia diariamente. . . .	59
Capítulo nueve	Paso 5: Planea orar continuamente.	71
Capítulo diez	Paso 6: El resto del plan.	84
Capítulo Once	Paso 7: Ejecutar el plan.	91
Capítulo Doce	He decidido seguir a Cristo.	105

Capítulo uno
¿Qué diferencia hace Jesús?

En el principio ya existía el Verbo [Jesús], y el Verbo estaba con Dios, y el Verbo era Dios ...En Él estaba la vida, y la vida era la luz de la humanidad. Esta luz resplandece en las tinieblas, y las tinieblas no han podido extinguirla.

Juan 1:1-5

OSCURIDAD Y LUZ

La oscuridad y la luz luchan por cada centímetro cuadrado de territorio físico, mental y espiritual en este planeta, y todo en tu vida depende de si te alineas con la oscuridad o con la luz. El campo de batalla está en tu alma, es decir, tu mente, voluntad y emociones, y eclipsa cada camino por el que pisas. Nunca puedes descansar; siempre es una guerra. Si no haces nada, la oscuridad te tragará entera.

Si quieres convertir tu oscuridad en luz, necesitas tener un plan con pasos definidos: siete serian son los más correctos.

Yo soy la luz del mundo. El que me sigue no andará en tinieblas, sino que tendrá la luz de la vida.

Juan 8:12

La llegada de Jesús a este mundo dividió la historia en dos períodos separados de tiempo:

A.C. Antes de Cristo.

A.D. Anno Domini, que significa en latín "en el año de nuestro Señor"; es decir, el año en que nació Jesús.

¿Quién es este Jesús que dividió la historia en dos y qué diferencia hace Él en la vida de Su creación?

¿Es Él simplemente una historia que sucedió hace dos mil años, o tiene un significado real en esta Era actual? Examinemos dos vidas que se convirtieron de la oscuridad en luz por Jesucristo.

LA HISTORIA DE MARÍA

María estaba nadando hacia una oscuridad que terminaría ahogándola, pero no se dio cuenta en ese momento.

El día que cumplió dieciséis años, sus amigos hicieron una fiesta de cumpleaños para ella que incluía alcohol y metanfetamina. Tropezó por la puerta de entrada a la mañana siguiente a las 3 de la mañana, tres horas después de su toque de queda, y sus padres la castigaron durante dos semanas. Ella se quedó abajo en su habitación todo ese día. A veces estaba triste, pero sobre todo estaba enojada. A veces se acurrucaba con Pinky, su elefante de peluche, y Brisco, su oso de peluche. A veces los arrojaba contra la pared con ira.

Su novio llamó en esa tarde.

"Oye, Mi bizcochito de almendra, hay una gran fiesta esta noche donde estábamos ayer. Tienes que ir".

"No puedo ir a ningún lugar durante dos semanas", respondió en una soplada. Después de una breve pausa salió una voz tentadora de la oscuridad. "Oye, chica, ¿qué va a hacer, dejar que tus padres te gobiernen o te haces cargo de tu propia vida? Voy a pasar a las 10 esta noche y pasar el rato en mi coche esperando mientras haces tú escapada. No me decepciones mi corazoncito."

Cuando llegaron las 10 en punto, María subió las escaleras y se paró junto a la puerta principal.

- ¿A dónde vas? Preguntó su padre con voz tranquila.

- ¡PARA AFUERA! Ella gritó, con una furia en la mirada que los congeló en su lugar.

- No me vas a decir lo que puedo y lo que no puedo hacer. Tengo la edad suficiente para tomar mis propias decisiones. Me voy.

- Por favor, no vayas, su madre le suplicó. Te amamos y solo queremos lo mejor para ti.

- No, no me amas. Me odias. No quieres que me divierta.

Su rostro se estremeció y comenzó a ponerse rojo mientras estaba de pie con la mano en la perilla de la puerta.

María tenía una opción que hacer, la luz o la oscuridad, el bien o el mal. Podía obedecer a sus padres y a su Dios y volver a bajar escaleras a su habitación. O podría seguir el camino de Adán y Eva y hacer lo suyo, en desobediencia voluntaria.

"Me voy", proclamó desafiante, "y nunca volveré a casa, nunca."

Ella cumplió con esa promesa. A la edad de dieciséis años María comenzó una vida de drogas y alcohol y terminó viviendo en una casa de metanfetamina, propiedad de un tipo llamado Kenny. Tres *tipos de* parejas compartieron la casa de tres dormitorios: Kenny y su novia, Samuel y su novia, y María y Pedro quien se quedó con quien variaba de una semana a otra. Cuando María tenía dieciocho años, después de casi morir de una sobredosis, ella vio la oscuridad que la rodeaba y volvió a la luz. Llamó a sus padres y le preguntó si podía volver a casa. Sus oraciones fueron contestadas. Difícilmente podían contener su emoción.

María regresó a casa y tomó un trabajo a tiempo parcial en una planta de ensamblaje cerca de su hogar. Terminó su título de secundaria en un centro de aprendizaje de área y se mantuvo tan sobria como sobria podría ser. Para celebrar su graduación y aniversario de no ser usuaria de estupefacientes, sus padres la llevaron a un restaurante de lujo.

La mayor parte de su clase de secundaria habían ido a la universidad. Aquellos con los que ella frecuentaba y que atravesaron a duras penas la escuela secundaria y que se quedaron localmente, trabajando en trabajos mal remunerados para ganar suficiente dinero para existir y comprar drogas, uno de ellos trabajaba en ese mismo restaurante. Enrique salió de la cocina y pasó por su mesa. "Oye, María, hay una gran fiesta que viene este viernes en mi casa. ¿Por qué no pasas y te pones al día con la vieja pandilla?"

Si las miradas pudieran matar, Enrique hubiese estado a dos metros bajo tierra por la mirada fulminante de los padres de María. "No puedo hacer eso, Enrique", dijo María. "Estoy sobria ahora, y esa es la forma en que me voy a quedar". Sus padres sonrieron mientras se tomaron de la mano debajo de la mesa.

Enrique se encogió de hombros. "Lo que sea, pero si cambias de opinión, vivo en el 3200 de la calle Chowen en Edina. Las cosas están saltando de fiesta en mi casa todos los viernes y sábados por la noche".

"No voy a cambiar de opinión, Enrique. Tengo una nueva vida ahora". Su respuesta fue cómo se sentía honestamente en ese momento, pero la semilla de la tentación se había plantado en su mente donde lentamente se convirtió en un pequeño arbusto de espinas que agitaba su conciencia durante el mes siguiente.

Ahora que había terminado su título de secundaria, tenía tiempo en sus manos, y viendo la rueda de la fortuna con sus padres estaba envejeciendo. Para aquellos que habían ido a la universidad y los pocos que se quedaron y nunca usaron droga, ella era *La chica Met* que se escapó de casa. No querían nada que ver con ella.

En un fin de semana sus padres estaban fuera de la ciudad, María se sentó en la sala de estar tan aburrida como aburrida podría ser. "Tal vez debería ir casa de Enrique y ver a la vieja pandilla", pensó. "Pero no voy a tomar ninguna droga".

Durante los próximos dos meses, ella era una habitual en la casa de Enrique todos los viernes y sábados por la noche. Sus padres lloraron mucho y suspiraron mucho cuando vieron a su hija volver a una vida de drogas. Le suplicaron que obtuviera ayuda, pero María volvió otra página en su libro *lo haré a mi* manera. "¡Me van a perseguir hasta la muerte! ¡Tengo que irme de aquí!".

Una semana más tarde, ella y Susy, su amiga, condujeron a Los Ángeles para un cambio de escenario. Ninguno de las dos podía conseguir un trabajo porque no podían pasar las verificaciones de antecedentes. Se quedaron sin su escaso dinero y tenían una opción que hacer: vender sus cuerpos o vender metanfetamina en las calles. Ellas eligieron vender metanfetamina.

Susy fue arrestada seis semanas más tarde y enviada a la cárcel del condado de Los Ángeles. María decidió cambiar de carrera. Transportar pequeñas cantidades de heroína y mover automóviles robados y otros bienes de Los Ángeles a las ciudades del interior era más seguro y pagaba mejor, hasta que la policía la arrestó por conducir un automóvil robado y posesión de drogas de tercer grado. Durante los siguientes 15 años, María estuvo dentro y fuera de las prisiones y cárceles del estado de California por violar la libertad condicional, posesión de drogas, robo, escribir cheques falsos y transportar propiedad robada. En sus propias palabras, ella era mala.

Ella se volvió tan agotada como podría estar cansada de las cárceles y las prisiones. "Esta vez me quedaré sobria por el resto de mi vida", lo prometió, pero no pasó un mes volvió a tomar. Luego vino: "Tal vez no pueda mantenerme alejada de las drogas, pero puedo ser una adicta funcional y mantener un trabajo y mantenerme alejada del crimen". Eso tampoco funcionó tan bien.

En una prisión del norte de California, su compañera de celda la invitó a un estudio bíblico el domingo por la tarde. Ella pensó, "¿Por qué no? ¿Qué tengo que perder?" Tres meses después, aceptó a Jesucristo como su Salvador y lo puso a cargo de su vida. Llamó a sus padres y les dijo que había sido salvada. Ellos le dijeron sobre su hija, a Jessica, una persona de su iglesia que era consejera de drogas y ella comenzó a escribirle a María en prisión. En el transcurso de 16 meses, formaron un fuerte vínculo entre ellas.

Jessica hizo que su grupo de estudio bíblico de mujeres orara incesantemente por María, incluyendo a una guerrera de oración llamada Anita. Cuando María ejecutó su sentencia, se mudó de nuevo a Minnesota y se mudó con Jessica en Minnetonka.

María era ahora una cristiana nacida de nuevo y su vida de crimen desapareció, pero todavía ansiaba la metanfetamina de la peor manera. Jessica le sugirió a María que echa un vistazo a un centro de rehabilitación basado en la fe en el sur de Minneapolis llamado *Adult and Teen Challenge* (Reto para Adultos y adolescentes). Pero después de 15 años de encarcelamiento María no quería poner su vida en espera por un año más. Jessica siguió promoviendo; María siguió resistiendo.

Jessica contó historias de adictos a los que aconsejó que fueron cambiados dramáticamente por *Adult and Teen Challenge*, y sugirió que María necesitaba volverse adicta de Jesús en lugar de la metanfetamina, todo con una sonrisa en lugar de un ceño fruncido. María entendió que Jessica la amaba y quería lo mejor para ella. "Usted gana", dijo María. "Voy a conducir por allí hoy. ¿Está feliz ahora?"

Después de una hora de conducir por el sur de Minneapolis tratando de encontrar las instalaciones, el automóvil de María se pulverizó con el sonido que un automóvil hace cuando está en su último cuarto de gasolina. María vio una estación de servicio en la siguiente calle y se detuvo a una bomba justo cuando su motor dejó de funcionar. No tenía dinero, pero tenía mucha ira y frustración. Se le pasó por la cabeza llenar el tanque del auto e irse sin pagar, pero la estación estaba en un barrio malo y era sólo prepago.

Una mujer del otro lado de la bomba le preguntó si podía ayudarla. María comenzó a llorar incontrolablemente. "Le prometí a Jessica que visitaría un lugar llamado *Adult and Teen Challenge* por aquí en algún lugar. Ella dijo que sería mi mejor apuesta para superar mi adicción a las drogas, pero ahora estoy perdida y sin gasolina, sin paciencia y …", ella no podía seguir adelante.

La mujer dejó de llenar su auto y procedió a poner la mitad de su gas prepago en el tanque de María. "Trabajo en el Desafío para Adultos y Adolescentes es el *Adult and Teen Challenge* que estás buscando", dijo la mujer, "está a solo dos cuadras de aquí. Por cierto, ¿la Jessica a la que se refirió vive en Minnetonka?"

María asintió con la cabeza. "¿Cómo lo sabes?"

"Porque soy una de las mujeres que estuve orando por ti el año pasado, debes ser María". La mandíbula de María cayó a la base de la bomba de gas. "Soy Anita, ¿Has oído hablar de mí?" María recordó a Jessica hablando de una Anita que oró por una intercesión especial por ella y asintió con la cabeza. "Pasa mañana a las 10 a.m. y personalmente te daré un recorrido y responderé todas tus preguntas".

María aceptó ir al día siguiente, pero no solo para recorrer las instalaciones. Ella sabía que había sido tocada por Dios, y su renuencia a poner su vida en espera durante 13 meses voló por la ventana. Ella firmó en *Adult and Teen Challenge* al día siguiente. Era exactamente lo que necesitaba. Poco a poco su hambre de drogas desapareció y fue reemplazado por un hambre de Jesucristo y todo lo que tenía que ofrecer. Cuando completó el programa, la contrataron como miembro del personal de extensión que fue a cárceles y prisiones para informar a los reclusos y presos que *Adult and Teen Challenge* podría ser su mejor apuesta para dejar las drogas y volver a rehacer sus vidas.

La última vez que escuché acerca de María, ella estaba cambiando las vidas de los reclusos y adictos en todo Minnesota dando su testimonio y ofreciéndoles esperanza. ¿Cristo hizo una diferencia en la vida de María? ¡Puedes apostar a que sí! Y Él también puede cambiar tu vida, si confías en Él con todo tu corazón y no te apoyas en tu propio entendimiento.

Capítulo dos
¿Por qué soy un pecador?

"El mundo no tiene motivos para aborrecerlos; sin embargo, me aborrece porque yo testifico que sus obras son malas".

Juan 7:7

MAL Y BUENO

Si las obras del mundo son malas, ¿no es allí donde se origina la oscuridad? Y si el Reino de Dios es bueno, ¿de dónde más procedería la luz?

La Biblia debería tener una historia detrás de la presencia del mal y el bien en la Tierra, pero ¿dónde la encontrarías? La palabra *Génesis* en hebreo significa *en el comienzo de*. Eso probablemente sería un buen lugar para mirar.

LA HISTORIA DE MIGUEL PARTE 1

Diez sillas plegables con sello gubernamentales fueron alineadas en un semicírculo en una sala de programas en la cárcel del condado de Wright en Búfalo, Minnesota. Los reclusos que se habían inscrito para un estudio bíblico de Gedeón el domingo por la tarde ocuparon nueve de las sillas. La décima silla vacía se hallaba más lejos cerca de la puerta.

"Alguna pregunta antes de empezar?" Le pregunté al grupo de nueve. Una mano subió.

"¿Puedes explicarme qué es un creyente nacido de nuevo? Eso surgió en la iglesia esta mañana".

Con las primeras palabras ¿Puedes *explicarme...?*, un hombre desaliñado arrastrando los pies como si acabara de venir del funeral de su madre caminó hacia mí lado, con un paso lento tras otro, con la cabeza baja habló al piso con voz tranquila.

"Mi nombre es Miguel, y necesito nacer de nuevo, pero tengo que perdonarme primero".

Hablé con una voz que lo detuvo en sus pasos. "¡Mírame, Miguel! No puedes perdonarte a ti mismo".

Hice una pausa para el efecto, ya que se detuvo muerto en sus pisadas.

"Pero tengo algunas buenas noticias para ti, Miguel. Jesús puede perdonarte, y lo hará si se lo pides".

Me miró con la cabeza inclinada hacia un lado, como si le hubiera dicho que el sol brillaría a medianoche. Luego se acercó a su silla, se sentó y permaneció en silencio durante la siguiente hora.

Cuando terminó el estudio bíblico, aparté a Miguel a un lado.

"Me gustaría hablar contigo acerca de haber nacido de nuevo. ¿Estarías dispuesto a reunirte conmigo mañana, solo nosotros dos?"

"Sí, supongo que sí. Cuando descubra lo que he hecho, tal vez no quiera".

Siguió al último hombre por la puerta, y me quedé solo en la habitación, preguntándome si este podría ser mi primer asesino en serie.

A la tarde siguiente nos encontramos en la biblioteca de la cárcel, una pequeña habitación rellena de piso a techo con libros y videos. Los músculos de su rostro se tensaron cuando comenzó la conversación.

"¿Quieres saber lo que hice antes de decir lo que piensas?".

"Claro, pero no necesitas decirme nada que no quieras,

Jesús perdona incluso el peor de los pecados".

"Tal vez sí, tal vez no".

Me sentí como un sacerdote en un confesionario a punto de escuchar que la pobre alma del otro lado había matado a toda su familia en una rabiosa borrachera.

Miguel tenía cara de piedra cuando me dijo que había sido acusado de conducta sexual criminal de primer grado, con un niño de menor 13.

"¿Quieres saber lo que es realmente malo, Capellán?".

No me moví ni dije nada.

"Era mi hija de ocho años. ¿Quieres saber algo más realmente malo?",

¿Qué podría decir?

"Había estado viendo pornografía infantil en mi computadora y teléfono, incluso en el trabajo. Un par de horas al día de todos modos, tal vez más. Eso es lo que me hizo hacerlo. Lo que no puedo entender, Capellán, ¿es por eso por lo que lo hice? Quiero decir, ¿cómo?, ¿por qué soy un pecador?"

Siendo capellán, me había encontrado con más de unos pocos casos como este, pero nunca con el propio hijo de una persona. Sin embargo, no me sorprendió. ¿Cómo podría? En este mundo malvado y oscuro, todo es posible.

"El pecado es pecado, Miguel, y el tuyo no es peor que el rey David cometiendo adulterio con Betsabé y luego matando a su esposo en la batalla. Dios perdonó sus pecados, y él también perdonará los suyos".

También pude haber estado hablando con la pila de libros en los estantes detrás de Miguel. Tenía los brazos cruzados sobre su pecho y dijo con el ceño fruncido.

"Eso no es lo que dice mi pastor."

"Oh, ¿qué dice su pastor?"

"Mi pastor dice 'Dios odia el pecado' y 'Dios es un fuego consumidor que quema cosas no puras' ¿Quién es más impuro que yo, haciendo cosas sexuales con mi propia hija?".

Miguel parecía una persona que acababa de comprar un boleto no cancelable al Infierno. Su mundo estaba oscuro; no había luz.

"¿Qué dijo su pastor después de eso, Miguel? ¿Te habló acerca de que Dios perdona los pecados sin importar lo malos que sean?"

"No escuché después de eso, Capellán. Yo estaba haciendo las cosas malas entonces y sabía que Dios odiaba mi pecado. Tal vez Él puede perdonar algunos pecados, pero no los tan malos como el mío".

La mesa entre nosotros era tan estéril como el alma de Miguel, a excepción de la Biblia que estaba frente a mí que él seguía mirando, como si tal vez tuviera algo que pudiera ayudarlo.

"Miguel, no tienes que llamarme Capellán, llámame Pat. ¿Quieres escuchar la verdad, directamente de la Biblia?"

Esa no era una pregunta que exigía una respuesta. Sabía el siguiente versículo de memoria, pero abrí mi Biblia en Juan 3:16 para enfatizar que toda la verdad se puede encontrar en las páginas del libro del que estaba leyendo:

> *"Porque de tal manera amó Dios al mundo que dio a su único Hijo, para que todo aquel que cree en él no perezca, sino que tenga vida eterna".*

"¿Has oído ese versículo antes, Miguel?".

"Sí. Supongo".

"¿Alguna vez le has pedido a Jesús que venga a tu corazón?".

Se rascó la barba, si es que quieres llamar a una semana de crecimiento una barba, y me dio una mirada en blanco.

"Lo que te estoy preguntando, Miguel, es si eres un verdadero creyente cristiano o no".

Se quitó la mano de su rostro y señaló la Biblia abierta. "Sí, creo en Dios y en Jesús. He ido a la iglesia los domingos con mi esposa y mis hijos están en la escuela dominical. He ido a un estudio de la Biblia los miércoles por la noche, supongo que dirías que yo era cristiano; ahora no lo creo, quiero decir con mi pecado y todo no puedo ser cristiano y hacer cosas tan terribles, ¿verdad?".

No me gusta usar la palabra cristiano por sí misma debido a lo que Miguel acaba de decir. Ser cristiano no se trata de mantener las reglas y regulaciones, orar antes de las comidas, ir a la iglesia o cualquier otra cosa que hagamos.

Se trata de una relación personal con Jesucristo. (Prefiero usar las palabras *seguidor de Cristo, creyente, nacido de nuevo o cristiano real*, que son las que utilicé con Miguel para hacerlo un vocabulario más entendible.)

"Ir a la iglesia y escuchar sermones y todo lo demás no te convierte en cristiano, Miguel".

Sus ojos se entrecerraron, y me miró como si fuera de otro planeta.

"No tiene sentido Capellán, digo Pat".

"Sé que no es así, Miguel, pero dame la oportunidad de explicarlo".

"Supongo", respondió, sin una pizca de entusiasmo.

"Hace un momento atrás, me preguntaste por qué eras tan pecador. Tú también puede haber preguntado por qué soy un pecador. Incluso podrías haber preguntado por qué todas las personas entran a este mundo como pecadores para empezar y amontonan el pecado en sus almas como la suciedad en una zanja".

Ahora tenía toda la atención de Miguel, aquí estaba un hombre desinformado de la historia de la creación y la naturaleza pecaminosa de toda la humanidad en este mundo caído. Mi trabajo era informarle sobre eso y nada más. El resto dependía de Dios.

"¿Qué quieres decir con eso de que todos son pecadores? ¿De dónde viene eso? no todo el mundo es como yo, no señor, tú no lo eres".

"Soy tan pecador como tú, Miguel. En cuanto de dónde viene eso, todo está en la Biblia, de dónde viene toda la verdad".

Normalmente no suelo citar un montón de versículos de la Biblia para hacer entender un punto, pero hice una excepción en este caso. Miguel necesitaba escuchar lo que Dios tenía que decir sobre el pecado, no lo que yo tenía que decir. En rápida sucesión abrí mi Biblia a los siguientes versículos.

"Todos andábamos perdidos, como ovejas; cada uno seguía su propio camino; pero el Señor hizo recaer sobre él la iniquidad de todos nosotros".

Isaías 53:6

"Yo sé que soy malo de nacimiento; pecador me concibió mi madre".

Salmo 51:5

"Pues todos han pecado y están privados la gloria de Dios".

Romanos 3:23

"En otro tiempo ustedes estaban muertos en sus transgresiones y pecados, en los cuales andaban conforme a los poderes de este mundo. Se conducían según el que gobierna las tinieblas, según el espíritu que ahora ejerce su poder en los que viven en la desobediencia".

Efesios 2:1-2

"¿Crees que la Biblia es verdadera, Miguel?".

"Sí. Supongo que sí. ¿Leerías los versos de nuevo?"

Los leí de nuevo lentamente y Miguel se sentó allí como en trance. El poder de la palabra de Dios había penetrado en su mente y el Espíritu Santo lo tenía sujeto a Él.

"Estoy confundido acerca de eso que dices de ser pecaminoso al nacer".

"¿Quieres no confundirte?".

"Supongo".

"La respuesta a lo pecaminoso al nacer se puede encontrar en los tres primeros capítulos de Génesis".

Me acerqué a donde estaba alineada una serie de Biblias en un estante y saqué una Nueva Versión Internacional para él, por lo que coincidiría con mi Biblia. Se la entregué, la abrió en el primer capítulo de Génesis.

"Veamos el primer capítulo de la Biblia, Miguel".

"¿Te refieres a donde Dios creó todo?".

"¡Eso es! Quiero que mires los versículos 10, 12, 18, 21, 25 y 31. ¿Qué encuentras en esos versículos que son casi palabra por palabra lo mismo?".

No pasó mucho tiempo para que Miguel llegara a una conclusión. "Dios vio que era bueno".

"Así es Miguel. Dios vio que toda Su creación era buena. Y así es como él quería que siguiera siendo, buena. El segundo capítulo de la Biblia habla de la piedra angular de la creación de Dios: la humanidad. Le dio a Adán y Eva todo lo que pudieran desear, pero les advirtió de una cosa que no podían tener".

> *"Puedes comer de todos los árboles del jardín, pero del árbol del conocimiento del bien y del mal no deberás comer. El día que de él comas, ciertamente morirás".*

"Dios amó a Adán y Eva con un amor que no tenía límites...". Hice una pausa para enfatizar, "...y ellos lo amaron a cambio. Pero el amor no es amor a menos que haya una opción de no amar. Eso se llama libre albedrío. ¿Estamos bien hasta ahora?", Miguel miró Génesis 2:16-17, que se muestra arriba, durante varios segundos antes de hacer una pregunta muy inteligente.

"Si Dios creó todo lo bueno, ¿de dónde vino el mal?".

"¿Qué sabes de Satanás, Miguel?".

"Quería ser como Dios, así que Dios lo echó del cielo".

"¿Y a dónde lo echó Dios?",

Si la cara de Miguel fuera una bombilla de tres vías, alguien simplemente la volvió a la primera configuración.

"Él lo envió a la Tierra. Ahí es de donde vinieron las cosas malas. Ahora tiene sentido",

"Diste en el clavo, Miguel. Ahí es de donde el mal vino a este mundo. De hecho, en Juan 16:11, Jesús llama a Satanás *el príncipe de este mundo*".

"¿Cómo puede ser eso, Pat? Dios creó el mundo. ¿No sería Él el príncipe del mundo o el rey o algo así?".

"Él lo sería, pero ¿el mundo se apartó de Él?"

"¿Eh?'

"Veamos el Capítulo 3 en Génesis. En el primer versículo, Satanás tienta a Eva con el fruto del árbol del conocimiento del bien y del mal. En el segundo verso le dice a Satanás que es el único árbol que Dios les dijo que no podían comer. En el tercer versículo, Satanás le informa que sería como Dios si comiera de su fruto, el mismo pecado que había cometido como Lucifer, el ángel más glorioso del Cielo".

Miguel continuó escuchando intensamente, como si estuviera escuchando el tercer capítulo de Génesis por primera vez.

"Ahora mira el versículo 6 y veamos si Adán y Eva obedecerán a Dios o escucharán la tentación de Satanás".

"La mujer vio que el fruto del árbol era bueno para comer, y que tenía buen aspecto y era deseable para adquirir sabiduría, así que tomó de su fruto y comió. Luego le dio a su esposo y también él comió".

"De ahí viene tu naturaleza pecaminosa, Miguel y de donde el mal y la oscuridad entraron al mundo".

Su cara de bombilla hizo clic en el ajuste más alto. "¿Así que ese es el pecado original del que habló el Pastor?".

"¡Lo entendiste por fin, Miguel! Adán y Eva fueron los primeros humanos y cuando desobedecieron a Dios, trajeron el pecado al mundo y Satanás se convirtió en el príncipe del mundo caído aquí en la tierra".

"Entonces, ¿qué crees que Dios hizo como resultado de su pecado? ¿Miró hacia el otro lado? ¿Los perdonó en el acto? ¿Qué habrías hecho tú, Miguel?".

"Los arrojó fuera del jardín, como Dios arrojó a Satanás fuera del cielo". Una leve sonrisa cruzó su rostro por primera vez.

"Y lo hizo, pero hay un poco más que eso. ¿Por qué no lees Génesis 3:17, Miguel?".

"Al hombre le dijo: Por cuanto le hiciste caso a tu mujer y comiste del árbol del que te prohibí comer, ¡maldita será la tierra por tu culpa!".

Pude ver que la bombilla de tres vías de la cara de Miguel acaba de cambiar a la tercera configuración.

"Cuando el pecado entró en el mundo a través de Adán y Eva, Dios maldijo a la Tierra y todo lo que había en ella, incluyendo a Adán y Eva y toda su descendencia, como en todos los que jamás hayan vivido. Y maldijo a las plantas y a los animales y al mundo mismo. Es por eso por lo que tenemos terremotos, huracanes, incendios forestales, cáncer y personas malvadas que hacen cosas terribles ¿tiene todo eso sentido?".

La boca de Miguel estaba abierta, y sus ojos brillaban con comprensión.

"Sí. ¡Ya lo entiendo! Dios quería que el mundo fuera bueno para siempre y Adán y Eva echaron la bondad al infierno ¡ay, perdón!, por la palabrota, Capellán. No pude controlarme a mí mismo".

Me reí.

"En realidad no fue una mala palabra Miguel, con su pecado, Adán y Eva arrojaron un brillante mundo de bondad y salud y lo convirtieron en un mundo oscuro donde todos *se* dirigen al infierno. Ese es el mundo caído en el que nacemos naturalmente.

"Dios es un Dios Santo que no puede mirar hacia el otro lado al pecado. Dios odia el pecado y no permitirá que nada pecaminoso entre en Su presencia. También es un fuego consumidor que quema todas las impurezas, ya sea en este mundo o en el último día. Eso es lo que su pastor quiso decir, no que no pueda ser perdonado".

Tenía un cuaderno grande conmigo y dibujé la siguiente gráfica en una página en blanco y se lo mostré a Miguel:

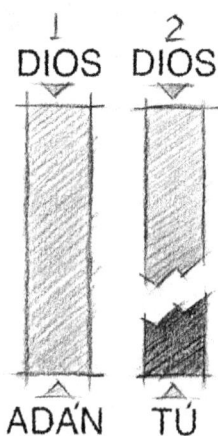

"La primera barra representa el mundo normal tal como Dios quiso ser: hombres y mujeres conectados a Dios. Cuando Adán y Eva pecaron, se separaron de Dios, y la segunda barra representa el mundo caído provocado por su desobediencia y orgullo. Y así hoy, toda la raza humana es anormal y va vagando por esta Tierra como almas perdidas en un mundo oscuro".

Miguel se sentó en el borde de su silla, y la bombilla de su rostro cambió de 150 vatios a 300. Lo que había escuchado en la iglesia cien veces finalmente tenía sentido para él.

"El Pastor habló sobre nosotros siendo como ovejas perdidas; y cito algunos versículos en la Biblia, pero no sé dónde".

Recordé dónde y abrí mi Biblia en Lucas 15.

"En este capítulo, Jesús habla de ovejas perdidas, una moneda y un hijo perdidos". Entonces me volví hacia Lucas 19 y leí el versículo 10:

"Porque el Hijo del Hombre vino a buscar y a salvar lo que se había perdido".

"Ahí lo tienes. Estoy perdido, tú estás perdido, todos estamos perdidos, pero Jesús vino a buscarnos y salvarnos".

Por primera vez, vi esperanza en la cara de Miguel, y él habló con entusiasmo. ¡Ya lo entiendo! Estoy perdido, pero puedo ser encontrado por Jesús. Tiene sentido. Ahora estoy listo".

"¿Listo para qué Miguel?"

"Listo para ser salvado o nacer de nuevo o como lo llames".

En ese momento, un carcelero del programa asomó la cabeza en la puerta para hacer un anuncio.

"Lo siento, esto tiene que concluir. Hay una tormenta que se avecina, y vamos a entrar en cierre de emergencia en cinco minutos".

La tormenta no podría haber llegado en un peor momento. Estábamos en el umbral de la salvación y tuvimos que detenernos.

Pude ver que Miguel estaba aún más frustrado que yo. Recogí mis pensamientos.

"Miguel, normalmente no volvería hasta dentro de una semana, pero volveré mañana para que podamos hablar de nacer de nuevo. Hasta que nos reunamos mañana, piensa en lo que hablamos hoy. Comenzaremos mañana exactamente donde acabamos de terminar aquí".

Me preocupaba que Satanás trabajara en él durante toda la noche y lo convenciera de que estas cosas de salvación eran un montón de tonterías. Lo había visto suceder antes, no dormí bien esa noche.

Capítulo tres
Paso 1: Asegúrese de que es salvo.

> *"Al oír esto, los discípulos quedaron desconcertados y decían: 'en ese caso ¿Quién podrá salvarse?'"*
>
> Mateo 19:25

¿Cómo se salva alguien? ¿Es por hacer más bien que mal o pertenecer a una iglesia? ¿Tienes que repetir solo las palabras correctas o seguir adelante por una llamada al altar? ¿Puedes ser salvado creciendo en un hogar cristiano? ¿Qué tiene que decir la Biblia?

> *"Porque por gracia ustedes han sido salvados mediante la fe; esto no procede de ustedes, sino que es el regalo de Dios, no por obras, para que nadie se jacte".*
>
> Efesios 2:8-9

> *"Él nos salvó, no por nuestras propias obras de justicia, sino por su misericordia. Nos salvó mediante el lavamiento de la regeneración y la renovación por el Espíritu Santo".*
>
> Tito 3:5

No merecemos la salvación y no hay nada que podamos hacer para salvarnos a nosotros mismos. La salvación viene de la misericordia de Dios y de la gracia dada a aquellos que…

- Admiten que son pecadores y se arrodillan en arrepentimiento.
- Creen que Jesucristo murió en la cruz por sus pecados.

- Piden perdón y aceptan a Jesús como su Salvador.

Sólo tenemos que venir con un corazón humilde y la voluntad de nacer de nuevo. Así que esa es una explicación y una definición, pero ¿cómo se desarrolla realmente la salvación en el mundo real?

LA HISTORIA DE MIGUEL PARTE 2

Mi viaje de diez minutos desde mi casa a la cárcel del condado de Wright parecía tomar una hora. La esperanza y la valentía viajaron conmigo en el asiento delantero, pero la duda y el miedo se sentaron en el asiento trasero burlándose de mí.

El tiempo de visita comenzó a las 10 de la mañana. En mi camino por el corredor interminable hacia el Área de los Programas, oré que el Espíritu Santo se hubiera instalado en la biblioteca, esperando salvar a otra alma perdida. Si la salvación de Miguel dependiera de mí, el pobre hombre estaría descarrilado.

Miguel rebotó por la puerta de la biblioteca, y me relajé. Tenía un aire sobre él que hablaba de grandes expectativas.

"Bueno, estás muy enérgico esta mañana Miguel ¿Cómo dormiste anoche?".

"Un poco desvelado y estuve dando vueltas durante una hora. Entonces se sintió como una brisa cálida entrar en mí para calmarme. Como si Jesús estuviera diciendo: 'Está bien, hijo, soy tu esperanza'. No era como palabras reales, ya sabes, más como un eco de algún lugar. Quiero decir, como probablemente te suene loco". Ahora me sentía seguro, pero no en mí mismo. Pude ver que el Espíritu Santo se había apoderado de Miguel. Jesús usando la palabra *esperanza* con Miguel, me fascinó.

Todos necesitan esperanza, especialmente hombres y mujeres que son adictos, están en la cárcel o viven en otros lugares oscuros. En mi experiencia he encontrado que la Esperanza es un Alguien, y que ese Alguien es Jesucristo. "No Miguel, no me suena loco en absoluto. Es la forma en que Dios trabaja, no con luces intermitentes y un rollo de batería, sino con un susurro que llega profundamente a tu alma".

Los dedos de Miguel tamborearon sobre la mesa con anticipación y un poco de impaciencia.

"¿Podemos seguir adelante con eso, Pat? ¿Puedes salvarme ahora?"

El aire se estancó en mis pulmones mientras me instalaba en mi silla. Necesitaba hacer una corrección inmediata a su pensamiento.

"Miguel, tienes algo terriblemente mal. No puedo salvarte. Sólo Dios puede salvarte".

Me miró con un signo de interrogación en su rostro. "¿Eh?"

"Miguel, no voy a responder a tu pregunta con mis pensamientos. Veamos qué dice la Escritura".

Agarré la Biblia frente a mí y leí Efesios 2:8-9 (que se encuentra al principio de este capítulo).

"¿Eso tiene sentido para ti Miguel?"

"Sí. Un poco. ¿Tienes otro versículo que pueda ayudar?"

"Yo sí. Echemos un vistazo a Tito 3:5" (que se encuentra al principio del capítulo después de los versículos de Efesios).

"Supongo que tal vez lo tengo ahora, Pat. Creo que está diciendo que no puedo salvarme y tú tampoco puedes".

"Así es Miguel. Sólo la gracia y la misericordia de Dios pueden salvar a cualquiera. ¿Por qué no te muestro cómo funciona eso con un dibujo?"

Abrí mi cuaderno al diagrama que había dibujado el día anterior, agregué una pieza más y le di la vuelta para mostrarla a Miguel:

Estudió el diagrama como si tratara de memorizarlo.

"Está bien Pat, ¿Puedes explicar lo que dibujaste? Yo recuerdo las dos primeras partes de ayer, por lo que no tiene que decirme todo eso de nuevo".

"Recuerdan que hablamos ayer sobre cómo no podemos conectarnos con Dios en nuestro estado pecaminoso. Y no podemos estar delante de Él a menos que nosotros también seamos santos".

"Y no hay nada que podamos hacer para que eso suceda Pat, ¿verdad?".

"Así es Miguel, tienes razón, diste en el blanco".

Miguel no podría haber llegado a eso por su cuenta. ¡Qué bendición para mí ver al Espíritu Santo en acción en el alma de un pecador!

"Parece que la cruz es la manera de estar bien con Dios. Pero tienes que explicármelo".

"Eso lo haré. Aunque no *podemos* cerrar la brecha por cualquier cosa que hacemos, Dios lo hizo por nosotros porque Él nos amó tanto. ¿Te acuerdas de Juan 3:16 de ayer?".

"Por supuesto; me lo memoricé".

"Porque de tal manera amó Dios al mundo que dio a su único Hijo, para que todo aquel que cree en él no perezca, sino que tenga vida eterna".

"Eso es bueno Miguel, muy bueno. Ese es un verso clave para memorizar. Hablamos ayer acerca de estar muerto en nuestros pecados y no ser capaz de estar delante de Dios en un estado pecaminoso, profano".

Miguel estaba pendiente de cada palabra.

"Esos dos asuntos deben ser atendidos y la muerte de Jesús en la cruz lo hizo. En primer lugar, Jesús defendió nuestros pecados tomando la maldición sobre sí mismo en la cruz. Por eso dijo: '*Dios mío, Dios mío, ¿por qué me has abandonado?*', cuando aceptamos Su sacrificio por nosotros, nuestros pecados son perdonados".

Miguel tenía una mirada confusa en su rostro.

"¿Qué quieres decir aceptar Su sacrificio? Si Él murió por nuestros pecados, ¿no es suficiente?"

"Buena pregunta Miguel déjame preguntarte esto: si alguien tuviera un regalo de un millón de dólares para ti en sus manos, ¿qué harías?"

"Yo lo tomaría."

"Pero ¿y si no lo tomaste?"

"Entonces no tendría un millón de dólares", dijo, seguido de una reflexiva pausa. ¡Ya lo entiendo! La muerte de Jesús en la cruz no me hace ningún bien a menos que yo la tome. Ese es el regalo de un millón de dólares".

Yo sonreí. El Espíritu Santo estaba llenando su alma de sabiduría. "Vale más de un millón de dólares Miguel mucho más".

"Así que el millón de dólares es el perdón de mis pecados? ¡Qué trato! ¿Quién no tomaría eso?".

"Te sorprendería cuántas personas no toman eso quieren hacer las cosas a su manera, como Adán y Eva".

Miguel sacudió la cabeza con incredulidad.

"OK Pat, lo entiendo, supongo. Así que mis pecados son perdonados, pero dijiste que no puedo estar delante de Dios a menos que sea santo. ¿Cómo funciona eso? ¿Dónde en la Biblia dice eso?".

La conversión es fácil cuando el Espíritu Santo está conectando los puntos. La idea de que todos necesitamos entender eso para encontrar respuestas a las preguntas en la Biblia es importante para cada uno.

Había traído mi Nuevo Testamento Amplificado conmigo para un tiempo como este. De él leí 1 Corintios 1:30.

> *"Pero es de Él que ustedes están en Cristo Jesús, quien se convirtió para nosotros en sabiduría de Dios [revelando Su plan de salvación], y justicia [haciéndonos aceptables a Dios], y santificación [haciéndonos santos y apartándonos para Dios], y redención [proporcionando nuestro rescate de la pena por el pecado]".*

"Ves Miguel, Dios es santo, pero nosotros no lo somos. Jesús también es santo y cuando lo elegimos nuestro representante aquí en la tierra en lugar de Adán, Su santidad es acreditada a nosotros, como un millón de dólares puestos en su cuenta bancaria.

"Cuando le pedimos a Jesús que entre en nuestras vidas, estamos ante Dios con nuestros pecados borrados y en la santidad de Jesucristo. Éramos un pedazo de papel sucio que Dios sostuvo en desprecio, y apartó Su rostro de nosotros. Pero Jesús borra todas las manchas, mugre y suciedad cuando le pedimos que sea nuestro Salvador, y ese papel sucio se vuelve blanco y brillante y listo para ser escrito por el Dios al que le hemos dado nuestra vida".

"Como esa parte de papel, Pat. Me ayuda a entender".

Tuve que reírme en mi interior. Nunca había pensado en una hoja de papel sucia y limpia, pero el Espíritu Santo me dio la imagen porque sabía que Miguel captaría un misterio divino con una simple ilustración.

Me senté en mi silla con los codos apoyados sobre la mesa. Miré a los ojos de Miguel como si estuviera mirando en su alma.

"Parece que ahora entiendes que la muerte de Cristo en la cruz quita tus pecados que te han separado de Dios y Su santidad se convierte en tu santidad. ¿Estoy en lo cierto?".

Él no dudó.

"Sí, pero no me siento salvado todavía".

"Eso es porque no lo eres. Ahora sabes cuál es el regalo que Cristo tiene en su mano, que fingimos que era un millón de dólares…".

Miguel me interrumpió abruptamente. "Pero aún no lo he tomado, ¿verdad?".

"Correcto".

"¿Cómo hago eso?".

"Es tan simple como 1-2-3".

Con eso, me volví a una página en blanco en mi cuaderno y escribí los números 1, 2 y 3, un número debajo de otro en una columna vertical. Lo di la vuelta para mostrarle a Miguel.

"El 1 es para admitir. ¿Admites que la segunda barra en el dibujo representa la condición en la que te encuentras, nacido en una naturaleza pecaminosa, que te ha causado pecar con abandono? Es probable que no tengas demasiados problemas con el 1".

Me sorprendió cuando puso su mano izquierda sobre la Biblia frente a él y levantó su mano derecha.

"Admito que nací con una naturaleza pecaminosa y he pecado de derecha e izquierda desde el día en que nací. Admito que mi peor pecado fue contra mi propia hija".

Lágrimas vinieron a sus ojos. Su declaración conmovió mi espíritu, pero no quería quedarme atrapado allí, así que fui rápidamente al 2, que significa creer.

"¿Crees que Jesús es quien dice que es el Camino, la Verdad y la Vida y nadie viene al Padre, ¿excepto a través de Él? ¿Crees que Él murió en la cruz por tus pecados y resucitó para darte vida eterna con Él por toda la eternidad? ¿Crees que puedes presentarte ante Dios en la santidad de Jesucristo, tu Salvador y tu Señor?".

Su mano izquierda todavía estaba en la Biblia y su mano derecha se levantó mientras simplemente dijo: "Yo sí Creo", como si estuviera pasando por una ceremonia de matrimonio, que de alguna manera lo era.

"Ahora para la parte más importante de nacer de nuevo" dije, "el 3. ¿Qué crees que representa?".

Miguel tenía una mirada vacía en su rostro, como si le hubiera pedido la respuesta a un antiguo acertijo. Él habló lentamente.

"Yo diría que significaba *Tomar*, ya sabes cómo en tomar el regalo, pero no sé, ni siquiera puedo adivinar".

"Diste en el blanco con lo que acabas de decir, significa *Elegir* en lugar de *Tomar*. Ambos significan lo mismo".

Era hora de ser mortalmente serios, como en la ejecución de la muerte del viejo yo y la adquisición del nacimiento de la nueva criatura.

"¿Eliges con todo tu corazón y toda tu alma y toda tu mente y todas tus fuerzas aceptar a Jesucristo como tu Salvador y Señor y servirle sólo por el resto de tu vida? ¿Eliges nacer de nuevo del mundo natural de Adán al reino espiritual de Jesucristo y Su Padre, a través del poder del Espíritu Santo?"

La mandíbula de Miguel se apretó y su mano derecha tembló.

"Elijo a Jesucristo como mi Salvador y lo acepto como mi Señor. Quiero decir adiós a mi vieja naturaleza pecaminosa de Adán y quiero nacer de nuevo en la santidad de Jesucristo y su Padre. Quiero Su regalo para mí más que cualquier otra cosa que he querido en mi vida. Quiero ser suyo ahora mismo"-

En el punto de su declaración final, no se encendieron luces ni sonaron trompetas. ¡Y Miguel no saltó de su silla y gritó "Aleluya!" Pero el Espíritu Santo lo atravesó como un viento suave y Miguel sabía que era una nueva creación.

Acababa de presenciar a otra persona nacida de nuevo de un hijo del pecado en un hijo de Dios, del mundo de Adán en el Reino de Dios, de la oscuridad a la luz. Tal vez la mejor manera de decirlo es que pasó de ser un *yo* en el mundo a ser un *nosotros* en el Reino de Dios.

Miguel fue condenado a ocho años de prisión por su crimen, y a partir de la redacción de este libro, ya lleva más de la mitad cumplida. Me llama un par de veces al mes y lo visito en la prisión una vez al año. Es uno de los cristianos más sólidos que conozco y estoy encantado de que esté escondido con seguridad con Jesús tanto aquí en la Tierra como en el Cielo por venir.

¿Estás conectado a Dios? ¿Has aceptado a Jesús en tu corazón como lo hizo Miguel? Ese es el primer paso en los siete pasos para convertir tu oscuridad en luz, y el más importante.

Si no está seguro de haber renacido del Espíritu, lee los dos últimos capítulos nuevamente y toma la mejor decisión posible en esta vida... para dejar la familia del hombre y unirse a la familia de Dios. Al hacerlo, convertirás tu oscuridad en luz.

Capítulo cuatro
Paso 2: Planea seguir el camino de Dios.

Encrucijada: un punto en el que se debe tomar una decisión vital.

Algunas decisiones terminan siendo muy buenas para ti; otras resultan sucediendo en algo muy malo. En circunstancias mayores y menores, eliges la oscuridad o la luz, el mal o el bien, tu camino o el camino de Dios. Parece que una mala elección puede conducir a otra y otra y otra en un ciclo vicioso e interminable.

Digamos que un tipo llamado Agustín pasa por un bar que ha frecuentado muchas veces. Él va a entrar o no. Si entra, tomará una copa o mirará a su alrededor y se irá. Si toma una bebida, se detendrá en una o en otra. Y así sucede hasta que se despierta en su automóvil a la mañana siguiente en el estacionamiento de un campo de golf, con el motor en marcha y un ayudante del sheriff tocando la ventana.

Desde un punto de vista espiritual, Agustín es un cristiano nacido de nuevo o no. Si es cristiano, o bien sigue su camino o el camino de Dios dondequiera que coloque su mente o su pie. Él elige interminablemente entre el mundo o el Reino de Dios.

¿Qué tal tú? ¿Te alineas más con el Reino de Dios o más con el mundo, en asuntos mayores y menores? La respuesta por supuesto, es que depende ¿pero depende de qué?

LA HISTORIA DE JASMÍN PARTE 1

Una tarde a finales de noviembre, me reuní con Jasmín en el área de programas de la cárcel del condado de Wright. Ella arrastró su cuerpo a través de la puerta del aula con los ojos en el suelo.

Ella torpemente se sentó en silencio, y le pregunté: "Jasmín, ¿por qué quieres reunirte con un capellán?".

Su cara se levantó y sus mejillas estaban mojadas de lágrimas. Sus labios temblaron.

"Mi vida está arruinada. Le pido a Jesús que ayude, pero parece que no tiene tiempo para mí. Soy un desastre, un verdadero *desastre*".

Cuando ella me contó su historia, *yo* empecé a quebrantarme. Molestada cuando era niña, violada más de una vez a medida que crecía y maltratada por dos hombres diferentes con los que tuvo hijos. No es de extrañar que se convirtiera en adicta a la metanfetamina y los opioides.

Ella describió el día en que aceptó a Jesús en un centro cristiano de rehabilitación de drogas y sonó cierto. Ella tenía un nuevo yo y una nueva vida. Pero luego su vieja manera de ser agarró su camino de regreso y comenzó a dar las órdenes en su vida. Piénselo de esta manera: ha conducido un viejo automóvil deteriorado durante 20 años y luego alguien le regala un automóvil nuevo que nunca envejecerá, con Jesús como chofer. Viajas en ese auto nuevo con orgullo, pero luego escoges conducir el auto viejo con el que estás tan familiarizado. Empiezas a conducirlo de nuevo, aquí y allá al principio, y luego la mayor parte del tiempo. Eventualmente, casi te olvidas de que tienes el auto nuevo. Eso es lo que le pasó a Jasmín.

Ella montó en su nuevo auto de redención, con Jesús en el volante, durante un año sólido, y el dolor en su vida se hizo soportable. Una y otra vez la soledad vino a llamar a su puerta. Ella estuvo sola todo el día envasando dulces en una línea de montaje y no tenía a nadie a quien ir a casa al final del día, excepto sus tres hijos, que necesitaban más atención de la que tenía que dar.

Una noche, su soledad tocó fondo, y llamó al padre de dos de sus hijos para que viniera a visitarla. Se presentó esa misma noche y no se fue a la mañana siguiente, o cualquier otra mañana para el caso. Él trajo consigo algo que no había experimentado durante unos dos años: un buen suministro de metanfetamina. También trajo consigo su disposición para gritar a los niños y abofetearla por el apartamento.

Un día todo fue demasiado para ella, y ella probó algo de su metanfetamina. Al día siguiente, ella era una adicta de nuevo. Se rio de ella porque ella no era, como él dijo, "más santa que tú" por más tiempo, ella se había hundido a su nivel. Después de un par de semanas, estaba tan desperdiciada todo el tiempo que él se fue a pastos más verdes.

Jasmín le rogó a Willy que le dejara el valor de unos días de metanfetamina.

"Claro, bebé mami", dijo, "pero no vayas a llamarme de nuevo, hemos terminado".

Jasmín consumió cuatro días de metanfetamina en solo dos días. La compañía para la que trabajaba la despidió porque su adicción representaba un peligro para ella y para otros en la línea de montaje. Afortunadamente (o quizás no) cuando terminó, le dieron dos semanas de pago.

Ella gastó el dinero para comprar metanfetamina y lo suficientes suministros para mantener a sus hijos y a sí misma con vida. Un día, un trabajador social se presentó y se llevó a sus hijos. Jasmín estaba en la puerta mientras se los llevaban, demasiada endrogada para incluso decir adiós.

Durante el mes siguiente Jasmín fumó suficiente metanfetamina para dos personas y cayó en una psicosis inducida por drogas en la que pensó que todos querían matarla. Un día ella estaba conduciendo por una carretera muy transitada, zigzagueando dentro y fuera del tráfico como un piloto de carreras. Un policía la detuvo, y ella pensó que quería asesinarla. Ella saltó a su coche escuadrón para escapar, pronto fue capturada, y se encontró en la cárcel donde nos encontramos.

Durante el primer mes de cárcel, pensó que los guardias querían matarla. Una mañana, la realidad apareció, y se dio cuenta del lío que se encontraba. Nos conocimos dos días después y después de contarme su historia de vida ella hizo una pregunta crucial.

"Capellán, ¿por qué Jesús no me ayuda? ¿Él ha renunciado a mí? ¿Qué haré cuando salga de aquí? Quiero que mis hijos vuelvan." Ella balbuceó antes de darme la oportunidad de hablar.

"Jesús quiere ayudarte Jasmín, pero estás parada en el vecindario equivocado la mayor parte del tiempo".

Se frotó los ojos con las yemas de los dedos y me dio una mirada curiosa. "De que me está hablando? Yo soy salva."

"Lo sé, estoy hablando de los dos barrios en los que un creyente puede estar en cualquier momento. En El Reino de Dios, Jesús es el rey y tú lo sigues dondequiera que vaya. O en el mundo, tú llama la atención y le pide a Jesús que Él te siga a ti.

"Hace tres años naciste de nuevo del mundo pecaminoso y caído al Reino de Dios, un lugar donde tomaste buenas decisiones. Pero luego regresaste al mundo donde tomaste malas decisiones".

Jasmín se encogió de hombros. "Me perdí. No entiendo nada".

Me levanté de mi silla y caminé hacia la pizarra. "Permítanme dibujar lo que estoy tratando de decir".

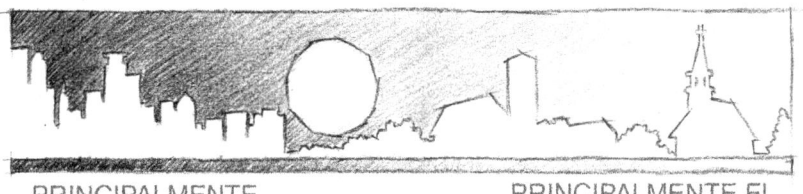

PRINCIPALMENTE EL MUNDO PRINCIPALMENTE EL REINO DE DIOS

"Estás conectada a Dios en cualquiera de los dos vecindarios, pero es una cuestión de grado. En el lado oeste del sol, eres principalmente tú y el mundo con algo de Dios arrojado. En el lado este del sol, es principalmente Dios con algunos de ustedes y el mundo arrojado. Un lado es oscuro e inestable. El otro es ligero y confiable. Hora a hora y día a día, tú elige en qué vecindario permanecer. Las malas decisiones que hiciste en el vecindario equivocado te pusieron aquí en la cárcel".

Los ojos de Jasmín mostraron un toque de comprensión.

"Genial" dijo, "pero ¿qué hay de las personas que no son cristianos?" Dibujé una manzana y la llené con un marcador negro.

ADÁN Y EVA
MUNDO OSCURO

APARTADOS DE
LA LUZ DE DIOS

"Aquellas personas que no están conectadas a Dios al nacer de nuevo son como Adán y Eva, separadas de Dios y viviendo en un mundo caído. Permiten que los eventos, las circunstancias, otras personas y sus propias naturalezas pecaminosas los controlen. Cuando las cosas van mal, no tienen a dónde acudir excepto sus propios pensamientos, tentaciones y el consejo de los demás. ¿Eso tiene sentido, Jasmín?".

Sus manos estaban juntas con los dedos entrelazados.

"Creo que sí Pat. Entonces, ¿estás diciendo que estoy parada en el mundo cuando estoy tomando todas esas malas decisiones?".

Le asentí que sí, mientras estaba junto a la pizarra.

"Eso es exactamente lo que estoy diciendo. Le has pedido a Dios que venga a tu mundo y te ayude con todos tus problemas, pero así no es como Él trabaja. Él quiere que vengas a Su reino y Él te ayudará allí".

Me moví de la pizarra a mi silla y me incliné hacia atrás mientras dije: "¿Tiene sentido ahora lo que estoy diciendo acerca de estar en el vecindario equivocado?".

Asintió con la cabeza hacia arriba y hacia abajo, con las palmas de sus manos apoyadas sobre la mesa.

"¡Claro! Pero tengo otra pregunta. ¿Cómo estoy en el Reino de Dios y luego me quedo allí?", ella se inquietó un poco, "lamento hacer preguntas estúpidas".

Pasé de encorvarme en mi silla a sentarme hacia arriba, con las manos sobre la mesa para imitar su postura.

"No lo lamentes, no es una pregunta estúpida. Pregúntame cualquier cosa".

No creo que Jasmín haya estado en una situación durante mucho tiempo en la que a alguien le importara lo que tenía que decir. Acababa de darle permiso para ser ella misma, y fue una nueva experiencia para ella.

"Está bien Pat. Sé que mi camino no funciona, estoy escuchando".

Ella había dado en el clavo al reconocer que su camino no funcionaba. Es el lugar donde todos los adictos y criminales eventualmente deben acudir para que tengan la oportunidad de vivir una vida sobria y permanecer fuera de la cárcel.

"Y tu primera pregunta, si he entendido correctamente, es ¿cómo estar en el Reino de Dios y cómo permanecer en él?",

Ella inhaló una respiración profunda.

"Supongo que esa es. Sí, esa es".

"Esa es la mejor pregunta que podrías haber hecho Jasmín.

Es la pregunta perfecta".

Jasmín se sintió halagada por lo que acababa de decir y estalló en una amplia sonrisa. Me levanté y volví a la pizarra.

"Cuando te salvaste por primera vez, afirmaste que Jesús era tu mejor amigo y querías estar con Él dondequiera que iba. Tú tenías un plan y dependía de ese plan para alinearte más con el Reino de Dios que con el mundo. Tú leías la Biblia diariamente y orabas que Él te mostrara qué hacer con tu vida. Cuando saliste de rehabilitación, te uniste a una iglesia llena del Espíritu y formaste parte de un estudio bíblico. Eso es lo que se llama un plan espiritual, y funcionó bien para ti".

Miré a Jasmín y casi podía escuchar los engranajes girando en su cabeza.

"Supongamos que yo estaba en el Reino de Dios entonces".

No esperaba que ella viera el punto tan rápido.

"Y ganarías tu apuesta", dije. "Eres una chica lista."

Jasmín se sonrojó, como si fuera la primera vez en su vida, alguien había dicho que era inteligente. Ella agregó: "Me acabo de acordar de algo de aquel entonces. Yo me entregaba a Jesús cuando me levantaba por la mañana y prometía servir a los demás en su nombre ese día".

"¡Vaya no me digas! ¿De veras?" Yo exclamé. Me acabas de pintar una imagen perfecta de lo que significa vivir en el Reino de Dios".

Jasmín sonrió ante el cumplido.

"Entonces, ¿qué pasó que regresaste al mundo?" Pregunté, aunque sabía la respuesta. Ella había extraviado su plan.

"Podría hacer esas cosas fácilmente en el lugar de rehabilitación durante tres meses porque tuve tiempo, y seguí transportando por la mayoría de un año después de eso. Entonces la vida se interpuso en el camino. Mis hijos necesitaban ser cuidados. Tenía un trabajo, ya te dije que mi novio estaba recibiendo drogas, y era más fácil unirme a él que pelear contra él. Se iba por muchos días, se enojaba y me golpeaba cuando decía algo que no le gustaba".

No puedo decirte cuántas veces he escuchado diferentes versiones de esa misma historia. Una persona está en llamas por el Señor, y luego la llama se apaga porque el mundo se vuelve más fuerte que el Reino de Dios. Y luego se desarrolla un camino de péndulo de estar sobrio y volver a las drogas y el alcohol … una y otra vez. O entrar y salir de los centros de rehabilitación de drogas diez veces o más. O estar en una montaña rusa de dentro y fuera de la cárcel una docena de veces o, para algunos, cincuenta.

La habitación se convirtió en silencio mortal antes de que le hiciera a Jasmín la pregunta definitiva que hago a cada persona con la que me encuentro.

"¿Qué vas a hacer diferente esta vez Jasmín, para poner fin al ciclo de adicción a las drogas y el crimen por el que te han capturado?".

Ella comenzó a llorar de nuevo.

"No sé Capellán, supongo que no está en mí permanecer recta".

Esa es la conclusión a la que esperaba que ella hubiera llegado.

"Así es Jasmín, no *hay* nada que puedas hacer para ayudarte a ti misma. Tú lo has demostrado. Es hora de probar algo diferente. Has aceptado a Jesús como tu Salvador, pero no lo has aceptado como tu Señor y Maestro".

Se cepilló el pelo hacia atrás para ganar tiempo antes de responder. "¿Cómo hago eso?".

"Vamos a empezar con llegar a conocer a Jesús. Quiero que lean el primer capítulo del Evangelio de Juan y luego los capítulos el 14, 15 y 16. Los discutiremos la próxima semana".

Capítulo cinco
¿Quién es el verdadero Jesús?

"Y Ustedes, ¿Quién dicen que soy yo?"

Mateo 16:15

Algunas personas piensan que Jesucristo es un gran maestro moral, pero rechazan Su pretensión de ser Dios. Él es un buen hombre, dicen, pero Él no es el Salvador del mundo. Él es simplemente una persona que vivió hace 2.000 años y se encontró con una muerte prematura en una cruz romana.

¿Qué crees de Jesús y en qué lo basas? En otras palabras, ¿de dónde sacas tu información sobre quién es el verdadero Jesús?

¿Escuchas a tus amigos con una taza de café o una cerveza o en una reunión de algún tipo? ¿Lees artículos de revistas o ves a una persona famosa en la televisión hablar sobre religión? ¿Cómo sobre un tipo de pie sobre una caja de madera en una concurrida esquina de la calle?

No es que no haya ninguna verdad hablada en los casos anteriores, pero hay que averiguar por sí mismo. Tú necesitas aprender acerca de Jesús a través de los cuatro evangelios y epístolas en el Nuevo Testamento y a través de los profetas del Antiguo Testamento.

Si vas a seguir a Jesús con todo tu corazón y con toda tu alma, necesitas saber quién es realmente. Jasmín tenía mucho que aprender acerca de Jesús si ella iba a amar y seguirlo con los ojos bien abiertos y sus oídos desenchufados.

LA HISTORIA DE JASMÍN PARTE 2

La semana siguiente llegó a tiempo y Jasmín caminó en nuestra sala de reuniones como una niña entrando en una casa de diversión. Algo maravilloso le había sucedido, pero yo no sabía qué. ¿Alguien pagó una fianza por ella? ¿Escuchó ella que recuperaría a sus hijos? ¿Quién *era* esta nueva persona sentada frente a mí?

"¿Quién *eres* tú, Jasmín?"

Alcé la voz en la segunda palabra. Pensé que me preguntaría a qué me refería, pero no lo hizo. Se sentó allí con una gran sonrisa en su rostro y respondió la pregunta directamente.

"Soy una hija de Dios y amo a Jesús".

Me senté en mi silla y doblé mis brazos sobre mi pecho. "Ahora, ¿de dónde vino eso Jasmín? Como si no lo supiera. La intensidad de su sonrisa podría haber derretido el acero.

"En lo que dijiste que leyera."

Ella abrió su Biblia en Juan 1:12.

> *"Mas a cuantos lo recibieron, a los que creen en su nombre, les dio el derecho de ser hijos de Dios".*

"Está ahí", dijo, como una mujer que le muestra a alguien su nuevo anillo de compromiso. "Soy una hija de Dios".

Al principio no podía hablar. Todavía estoy sorprendido cuando Dios obra a través de su Palabra tales maravillas a la vista.

"Eres de hecho una hija de Dios y has sido una desde el día en que fuiste salvada, pero ahora lo sabes en tu espíritu porque la Biblia lo dice".

Hice una pausa y ella se sentó allí esperando que dijera algo más, lo cual hice.

"También dijiste que amas a Jesús. ¿Dónde encontraste eso?".

Ella abrió su Biblia a los otros tres capítulos que le había asignado en el Evangelio de Juan.

Vi a Juan 14 resaltado en notas amarillas y lápiz en los márgenes. Ella no solo estaba leyendo la Biblia; la estaba inhalando.

"¿Quieres que lea las cosas amarillas?".

Señaló los primeros tres versos, como si hubiera descubierto un secreto.

Su voz tembló.

"Amo a Jesús por lo que Él dice aquí".

"No se angustien. Confíen en Dios y confíen también en mí. En el hogar de mi Padre hay muchas viviendas; si no fuera así, ya se lo habría dicho a ustedes. Voy a prepararles un lugar. Y, si me voy y se lo preparo, vendré para llevármelos conmigo. Así ustedes estarán donde yo esté".

"Jesús está diciendo que me llevará al cielo cuando muera".

Ella se sentó y esperó una respuesta. Ella había dado en el blanco, pero no podría haber descubierto eso por su cuenta, sin educación como lo fue con las Escrituras. El Espíritu Santo dio sus ideas porque estaba leyendo con un corazón abierto y una mente tranquila. Me froté la parte posterior de mi cuello con la mano derecha y le hice una pregunta de las grandes ligas.

"¿Crees entonces que todo en la vida te irá viento en popa a ti si solo confías en Jesús y en Su Padre?".

Me senté y esperé su respuesta, y esperé un poco más.

Finalmente ella respondió con una voz que tartamudeaba.

"Me gustaría creer eso, pero no veo cómo mi vida va a ser tranquila y sin problemas. No creo que regrese a mis hijos de inmediato, de todos modos, podría ser enviada a prisión. Estoy me… me… metida en un gran lío en esto". Sentí pena por ella. Esa maravillosa sonrisa desapareció de su rostro, y una mirada de preocupación tomó su lugar. Incluso cuando estamos salvos, todavía vivimos en un mundo caído donde las cosas malas suceden a la gente buena.

"Veamos lo que la Biblia tiene que decir. Está a sólo un par de capítulos de distancia, en el último versículo del capítulo 16".

"Yo les he dicho estas cosas para que en mí hallen paz. En este mundo afrontarán aflicciones, pero ¡anímense! yo he vencido al mundo al mundo".

Estaba a punto de explicar ese versículo, pero ella me interrumpió.

"Oye, no marqué ese; debí hacerlo. Jesús no dice que no tendré problemas, pero dice que estará conmigo cuando vengan. Lo entiendo ahora. ¿Quieres que lea los otros versículos que marqué?".

Jasmín estaba de buena racha y no quería frenarla tratando de enseñarle nada. La Biblia hizo un trabajo mucho mejor.

"Marqué el sexto versículo en el Capítulo 14 porque me dice que Jesús murió para que yo pudiera venir al Padre. Él me amó primero y yo lo amo porque murió".

"Yo soy el camino y la verdad y la vida. Nadie llega al Padre sino por mí".

"Jasmín", le dije, "¿dónde encontraste que Dios te amó por primera vez?".

Ella me dio una mirada en blanco y se encogió de hombros de una manera "No sé".

"Recuerda siempre que el mejor comentario sobre la Biblia es la Biblia misma. El Espíritu Santo te reveló que Dios primero te amo, pero Él lo respalda en la primera epístola de Juan".

Abrí mi Biblia a 1 Juan 4:19 y leí:

"Nosotros amamos porque Él nos amó primero".

Nunca olvidaré su mirada cuando leí ese verso. Era como la mirada en el rostro de una mujer cuando su novio le dice por primera vez que él la ama.

Jasmín volvió a brillar la sonrisa que podría derretir el acero.

"Lo entiendo".

Se volvió hacia Juan 15:9 y leyó ese versículo que había marcado:

"Así como el Padre me ha amado a mí, también yo los he amado a ustedes. Permanezcan en mi amor".

"¿No dice ese versículo lo mismo?".

"¡Claro! Jasmín".

Ese día comenzó la transformación de Jasmín. Nos reunimos muchas veces después de eso, discutiendo sobre todo el Evangelio de Juan. He encontrado que Juan muestra mejor quién es realmente Jesús, por qué vino a la Tierra y qué quiere que sea nuestra relación con Él. También miramos otras Escrituras que profundizaron el amor de Jasmín por Jesús.

Un día, cuando nos encontramos, Jasmín dijo: "He aprendido quién es Jesús en realidad y soy una chica alineada en Él como todos saben. Sé que nunca volveré a estar en la cárcel porque estoy alineada con el Padre".

Me sorprendió que ella usara la palabra *alineada*.

Como si estuviera leyendo mi mente, ella dijo: "Apuesto a que te estás preguntando de dónde saqué esto de estar 'alineada' con el Padre. He estado leyendo una Biblia llamada *El Mensaje* porque habla de una manera que entiendo ¿sabes sobre ella?".

"Seguro que sí. Es una Biblia traducida al inglés cotidiano por un erudito de la Biblia llamado Eugene Peterson. Me alegro de que la estés leyendo. De todos modos, ¿dónde encontraste el pasaje sobre la alineación?".

Jasmín abrió su Biblia a Juan 5:24 y leyó en voz alta:

"Es urgente que escuches con atención esto: cualquiera aquí que crea lo que estoy diciendo ahora mismo y se alinea con el Padre, que de hecho me ha puesto a cargo, tiene en este momento la vida real y duradera y ya no está condenado a ser un extraño. Esta persona ha dado un paso gigante del mundo de los muertos al mundo de los vivos".

"¿No es eso lo que me dijiste justo en el principio que estaba en el barrio equivocado? Bueno, ahora estoy alineada con el Padre y me quedo en el vecindario correcto. Y ahí es donde me quedaré cuando salga".

Espero que algún día vuelva a encontrarme con ella y la escuche hablar sobre Jesús, su gran amor en ella y su permanencia en el vecindario de Dios, lo que creo con todo mi corazón lo hará.

Capítulo Seis
Paso 3: Pon a Jesús primero en tu corazón.

"Por eso, de la manera que recibieron a Cristo Jesús como Señor, vivan ahora en él".

Colosenses 2:6

La frase: "*p*ídele a Jesús que entre a tu corazón no está en la Biblia", pero refleja lo que la Biblia tiene que decir acerca de la salvación, como el versículo anterior. ¿Qué significa pedirle a Jesús que entre a tu corazón? Y si haces eso, ¿dónde lo pones?

LA HISTORIA DE ALEX

Alex amaba a Jesús, pero su alcoholismo lo mantuvo en un castillo mortal que no lo dejaba ir. En un momento de profunda desesperación, me dijo: "Soy un borracho sin esperanza, Pat. No puedo parar sin importar que soy un perdedor". Estaba en lo cierto cuando dijo que era un perdedor.

En el transcurso de unos años, Alex había perdido a su esposa, hijos, trabajo, casa, camión, perro … y su autoestima. Lo conocí por primera vez dos días después de que él se había tirado en el estacionamiento de un campo de golf, tan borracho que no sabía dónde estaba o cómo llegó allí. Se desmayó con el coche en marcha y no se despertó hasta un par de horas más tarde cuando escuchó un *noc noc noc* en la ventana. Fue un agente del sheriff, que lo arrestó por conducir bajo los efectos del alcohol.

"Capellán", dijo entonces en la cárcel, "por favor, ayúdame. No puedo dejar de beber. Le ruego a Jesús que me mantenga sobrio y lo hace por un tiempo, pero no dura. Tal vez no merezca su atención".

El Espíritu Santo me impulsó para ofrecer orientación Alex después de que se despidió de la cárcel en un par de días.

"¿Te gustaría seguir reuniéndote conmigo Alex?".

Su cabeza se levantó y había un brillo de esperanza que vino a sus ojos, algo que no había visto antes.

"Definitivamente, eso es lo que necesito. ¿Harás eso por mí?".

El toque de una sonrisa levantó los labios de la inclinación hacia abajo que apareció pintado en su rostro con tinta indeleble. Ese fue el comienzo de muchas reuniones entre nosotros después de su liberación.

He llegado a entender el poder despiadado de una adicción a través de Alex. Estudiamos las Escrituras juntos, oramos juntos, crecía en Cristo, volvía a beber y luego se levantaba de nuevo y prometía nunca tocar otra gota.

Después de dos años de este patrón me preguntaba si era posible que una persona como Alex pudiera estar tan controlada por una adicción que moriría con ella. ¿Era realmente un borracho sin esperanza? ¿Podría una persona ser redimida en el Espíritu y permanecer enferma en el cuerpo? ¿Era el alcoholismo como el cáncer (algunas personas pueden ser curadas de él, pero la mayoría no lo son y finalmente mueren)?

Romanos 8:28 dice: "Y sabemos que en todas las cosas Dios obra para el bien de los que lo aman, que han sido llamados según su propósito", ¿cómo se aplicó eso a Alex?

Le confesé a Dios una mañana que no tenía nada que ofrecer a Alex que hiciera una diferencia duradera. Lo que el Espíritu Santo me reveló entonces no sólo cambió el rumbo para Alex, pero para muchos otros desde entonces. Es difícil explicar cómo el Señor le habla a alguien, pero estas palabras vinieron a mi mente de una manera difusa: "No, tú no puedes, pero Yo puedo", entonces el Espíritu Santo me mostró esta imagen:

En un chasquido de los dedos entendí vívidamente su significado y agradecí a Dios por sacarla a la luz. Aquel día me reuní con Alex más tarde.

"¿Qué vamos a hacer contigo?" Le pregunté a Alex en la sala de conferencias de la cafetería donde nos encontramos regularmente.

Bajó la cabeza avergonzado, "no lo sé Pat, nada de lo que hago funciona. Aprecio que intentes ayudarme, pero no dura. Ni siquiera Jesús puede ayudarme. Supongo que solo soy un perdedor en la vida".

"¿Te gustaría ser un ganador Alex?".

"¡Definitivamente! Quiero ser un ganador, seguro que sí. Pero no puedo encontrar una manera. Soy un creyente nacido de nuevo, pero eso no parece ayudar".

"¿Qué crees que es la voluntad de Dios para ti?" Le pregunté.

"No ser un borracho, supongo, pero ¿por qué no puedo parar entonces?".

"Por supuesto, Él quiere que dejes de beber, pero ese no es el punto de partida, Él quiere una relación personal contigo en Sus términos, esa es su voluntad profunda".

Alex sollozó y habló de años de frustración.

"Si soy creyente Pat, ¿no estoy viviendo en la voluntad de Dios? Entonces, ¿por qué no puedo dejar de beber?"

En este punto, Alex se quebrantó y no dijo más. Oré en silencio para que el Espíritu Santo me guiara.

"Cuando fuiste salvado Alex, ¿invitaste a Jesús a tu corazón?".

Él respondió rápidamente, "Definitivo. Usé esas mismas palabras".

"¿Puedes decirme lo que significa invitar a Jesús a tu corazón Alex?".

"¿Qué quieres decir Pat?".

"Quiero decir, ¿qué es exactamente tu corazón y cómo invitas a Jesús a hacerlo?".

Me di cuenta de que no esperaba esa pregunta por su lenguaje corporal.

Se encogió de hombros y entrecerró los ojos.

"No creo que estemos hablando del corazón que bombea sangre, ¿verdad?" Sacudí la cabeza al ritmo de un no. "Supongo que no lo sé entonces. nunca lo he pensado".

Su respuesta no me sorprendió. A menudo usamos palabras y frases que se han usado una y otra vez sin tener una comprensión mental de lo que realmente significan.

"La Biblia siempre es el mejor lugar para comenzar cuando queremos entender las cosas espirituales", comencé, "Veamos dos versículos para darnos una pista".

"Dichosos los de corazón limpio, porque verán a Dios".
Mateo 5:8

"El que es bueno, de la bondad que atesora en el corazón produce el bien; pero el que es malo, de la maldad produce el mal, porque de lo que abunda en el corazón habla la boca".
Lucas 6:45

"En primer lugar, el corazón en las Escrituras es una metáfora más que una cosa real como nuestro cuerpo, alma o espíritu".

"¿Qué es una metáfora, Pat?".

"Una metáfora es algo familiar utilizado para representar algo que es difícil de entender. ¿Eso tiene sentido?".

"¡Claro! Entonces, ¿qué representa el corazón?".

"Esa es la pregunta del día Alex. Es una habitación invisible dentro de nosotros que contiene lo que es más importante para nosotros y refleja nuestros sentimientos y creencias más profundos. Es como una caja de seguridad donde escondemos lo que más valoramos ¿tiene sentido?".

Los ojos de Alex brillaban con la luz del entendimiento y sus hombros estaban estables.

"¡Claro! ¿Será el amor de Jesús en mi corazón?".

Asentí sí, con un guiño: "Será si lo invitas a tu corazón".

"¿Así que eso es lo que significa invitar a Jesús a mi corazón, para pedirle que viva donde guardo mis cosas más importantes?".

Bueno, ya tenía parte de ello. Su siguiente declaración dio testimonio de la pieza que faltaba. Su risa se convirtió en frustración.

"Pero Pat, si tengo a Jesús en mi corazón, ¿por qué no puedo dejar de beber. Leo la Biblia todos los días y oro todos los días, amo a Jesús y trato de caminar con Él, ¿qué más tengo que hacer?".

Tenía un sentido sobrenatural de confianza en que el Espíritu Santo me estaba guiando en esta discusión.

"Sí, Alex, creo que tienes a Jesús en tu corazón, pero lo tienes en el lugar equivocado".

Me dio una de esas miradas *eh*.

Me levanté de mi silla y dibujé en la pizarra los dos corazones que el Espíritu Santo me había mostrado. Entonces me di vuelta.

"El primer corazón es que sigas tu propio camino y pides a Jesús que te siga y te ayude cuando lo necesites".

Hice una pausa para recuperar el aliento antes de bajar el volumen.

"Estás tratando a Jesús como a un pequeño perro cachorro que te sigue para cumplir tus órdenes: 'Jesús, vamos, ayúdame con mi bebida. Jesús, mantenme sobrio. Jesús, ayúdame a volver con mi novia y ayúdame a encontrar un trabajo. (En este punto silbé como lo harías con un perro cachorro.) Vamos Jesús, vamos amigo'".

Alex parecía confundido.

"¿Qué hay de malo en eso? ¿No se supone que Jesús nos ayuda en nuestros problemas?".

"Esa no es la forma en que funciona con Jesús Alex. Necesitas dejar que Él te guíe y tú le sigas. Él conoce el camino mejor que tú. Él sabe a dónde quiere que vayas, y tú no".

Alex se centró en el primer corazón como si el segundo no existiera. "Entonces soy un perdedor, ¿solo un borracho sin esperanza?"

Cerró los ojos y su cabeza cayó hasta que quedó a unos centímetros de la superficie de la mesa.

"Sí, eres un perdedor cuando estás a la cabeza y sigues tu propio camino con Jesús detrás de ti.

"El segundo corazón es la forma en que Dios quiere que vivas: poner a Jesús frente a ti y seguirlo a donde Él quiere que vayas, ¡ese es el camino de un ganador!

"En el primer dibujo, dices: 'Alex es lo más importante. En el segundo dices: 'Jesús es lo más importante'".

Alex soltó una carcajada de emoción: "¡Creo que lo tengo!" El Espíritu Santo me guio en lo siguiente a decir.

"En lugar de suplicar: 'Jesús ayúdame con la bebida', di: 'Jesús, quiero seguirte dondequiera que vayas', ¿crees que Jesús te llevaría a un bar por el cual estás pasando cerca? ¿Te diría, 'nos echamos una'?".

Alex se echó a reír a carcajadas. "¡Ni pensarlo! Y si estoy buscando una botella de vodka en mi apartamento, ¿qué debo hacer?".

Puedes pensar que le habría dicho que no debería haber tenido una botella de vodka allí en primer lugar, pero no lo hice porque esa no era la respuesta correcta. Solo saldría y compraría otra botella de todos modos. No, el Espíritu Santo lo tenía, y no iba a interponerme en el camino con consejos poco prácticos.

"Pregúntale a Jesús si le gustaría sentarse contigo y tomarse un doble?" Alex se rio de nuevo. "¡De ninguna manera Él querría hacer eso!"

"Entonces tú tampoco. Los dos son un equipo en el camino de tu vida, pero hay que dejar que Él conduzca. Sigues un medio paso atrás, lo suficientemente cerca como para hablar con Él, pero dejando que no haya dudas de quién está liderando, a quién está siguiendo y quién es el más grande y quién es el menor".

Alex golpeó su mano sobre la mesa.

"Lo haré. No más un Jesús como un cachorrito que me siga. Yo lo seguiré al infierno si eso es lo que quiere".

"No creo que Él te lleve allí Alex, pero tal vez a través de un infierno en la tierra".

"¡Definitivamente! eso es lo que quise decir".

Alex ahora camina con Jesús pasando por las barras y bebe agua mineral y se pregunta a sí mismo a cada paso: "¿Jesús haría esto conmigo?" o "¿Qué quiere Jesús que haga aquí?" Yo me hago esas dos preguntas también.

Capítulo Siete
Sé lleno más de Dios que de ti.

"A Él le toca crecer, y a mí menguar".

Juan 3:30

En una tira de dibujos animados sindicada popular de 1948 a 1975, un personaje llamado Pogo le dijo a su amigo el puercoespín: "Hemos conocido al enemigo y él somos nosotros". Verdaderas palabras nunca se hablaron.

Solo puede haber un Dios en nuestras vidas y si no es el Señor Dios Todopoderoso, ¿quién o qué es? Nuestra propia individualidad orgullosa y egoísta es el enemigo número uno. El segundo lugar entre la lista de enemigos es cualquier cosa que te haga caer. Un joven al que he sido mentor durante varios años se ha enfrentado a más de su parte en su lucha personal.

LA HISTORIA DE TONY

Justo cuando pensaba que tenía unas buenas sesiones de intervención con Tony sobre su problema, me dejó sorprendido cuando se fue volando a California en un impulso repentino, bebiendo y drogándose a sí mismo en un estado de estupor. Luego regresó a la casa con un camión lleno de remordimiento, lamento y arrepentimiento.

Tony era un cristiano apasionado, pero no puedo entender qué lo hizo ser apasionado por el Señor un día y perder el conocimiento y salirse de la carretera en un campo de maíz la noche siguiente.

Tony había estado en rehabilitación de adicciones 14 veces: siete como paciente hospitalizado y siete como paciente ambulatorio. Había intentado suicidarse cinco veces, sintiendo que el mundo estaría mejor sin él. Su padre había golpeado a su madre mientras el pequeño Tony se asomó por la puerta del baño, luego salió de la casa para no volver nunca. Un trauma como ese deja profundas heridas en el alma de un niño pequeño que no se curan fácilmente cuando se convierte en un hombre joven.

La madre de Tony trató de criarlo a él y a sus dos hermanas lo mejor que pudo, pero ella tenía sus propios problemas y buscó el amor en todos los lugares equivocados. "Disfuncional" era la palabra que definió como "funcionaba" su casa.

La vida hogareña negativa de Tony y las experiencias menos que sanas lo mal equiparon para tomar buenas decisiones. En el momento en que entró en su cumpleaños 13 merodeaba alrededor de otros niños que tenían vidas dolorosas o de otra manera vivían en el borde de la sociedad. Comenzó a usar drogas ese año y alcohol un año después. Cuando estaba drogado o borracho su vida parecía "soportable". Tony era tímido, pero sus amigos cuestionables lo aceptaron tal como era. Cuanto más consumía o bebía, más extrovertido se volvía. Conocí a Tony en un McDonald's y escuché su triste historia.

Cuando nos reunimos a continuación, era más dar y recibir. Tony nunca se presentó para nuestra tercera reunión. No tenía idea a dónde se había ido hasta que llamó desde un hospital de Minneapolis.

Había estado viviendo fuera en su automóvil durante dos semanas, bebiendo y tomando drogas hasta que se desmayó. Su madre y su hermana lo habían encontrado de pie en una vía férrea, esperando un tren para pulverizarlo. Ellas fueron las que lo llevaron al hospital.

"Pat, he tocado fondo. Estoy listo para cambiar mi vida. Seguro que estoy listo. Esta vez es en serio".

No puedo creer lo que le dije a continuación debería haber apoyado su promesa de cambiar su vida, pero el Espíritu Santo sabía lo que necesitaba: tratamiento de confrontación.

"Tony, no vas a cambiar tu vida no tienes lo que se necesita. Déjame decirte lo que va a pasar, saldrás de ese hospital en una semana, unos días más tarde comenzarás a consumir de nuevo y comenzarás a pensar que el mundo estaría mejor sin ti. Un día de estos volverás a tener una sobredosis y morir o ahorcarte o ser arrollado por un tren. Entonces te encontrarás en el Infierno por toda la eternidad. Eso es lo que te va a pasar".

Pensé que nuestra conexión se había perdido porque no podía escuchar nada en el otro lado de la línea.

"¿Todavía estás allí Tony? ¿Has oído lo que dije?".

"Ya, estoy aquí y escuché lo que dijiste. Estoy un poco asustado rígido. No sé qué decir suena horrible lo que dijiste ¿qué esperanza hay para mí? también podría matarme ahora mismo y terminar con todo".

Yo estaba profundamente perturbado por su hablar sobre el suicidio, ¿había sido demasiado duro con él? ¿lo empujé hacia el borde? ¿por qué dije lo que dije? El Espíritu Santo se metió en esto. Oré que me mostrara qué decir a continuación, y lo hizo.

"Necesitas conocer al verdadero Jesús, Tony, no solo los pensamientos sobre Él que tienes en tu mente. Entra en tu habitación, abre tu Biblia y pide conocer a Jesús".

A la mañana siguiente me llamó todo emocionado y me habló de su encuentro la noche anterior.

"Es seguro que es difícil de explicar. No vi a Jesús parado delante de mí o lo escuché en voz alta, pero sabía que era Él.

Es como si Él estuviera en mi mente, pero no en mi mente, ¿sabes a qué me refiero? Era como una voz secreta, ya sabes, un susurro. Y ese susurro dijo: 'Va a estar bien hijo'. Sentí a Dios sostenerme y lloré sin lágrimas".

Tony le dio un giro de 360 grados a la vida ese día, de la oscuridad del mundo a la luz y el Reino de Dios. Ahora, convertirse en un cristiano nacido de nuevo es una cosa, pero sostener esa vida es algo completamente distinto. Cuando lo visité en el hospital, tuvimos una larga conversación.

"Tony, te has arrepentido de tus pecados y has aceptado a Jesús como tu Salvador y Señor, pero ahora necesitas trabajar tu salvación".

"¿Qué quieres decir con trabajar en mi salvación Pat?"

"Quiero decir que necesitas dejar que el Espíritu Santo y creyentes maduros aumenten tu conocimiento sobre Dios y refuercen tu fe para convertirte en el cristiano maduro que Dios quiere que seas".

"¿Cómo?"

"Si es posible, sugeriría quedarse en un centro de rehabilitación residencial cristiano como *Minnesota Teen Challenge*, Metro Hope en Minneapolis, el Ejército de Salvación o *Next Chapter* en Rochester. En esos lugares, obtendrás una base firme en el estudio bíblico y la oración y lo que significa vivir su vida a la luz del reino de Cristo. Además, estarás rodeado de compañeros cristianos que luchan con los mismos problemas que tienes.

Si eso no funciona para ti, necesitas encontrar al menos un creyente fuerte que pueda guiarte sobre cómo navegar por el caminar cristiano y ser un amigo de rendición de cuentas para ti, un mentor, por así decirlo".

Tony me miró con ojos que escanearon mi alma. "¿Podrías ser esa persona para mí, Pat?".

"Estoy dispuesto a hacer eso Tony, pero si puedes un programa residencial sería lo mejor para ti. Entonces puedo ser tu mentor cuando te gradúes".

"¿Suena genial Pat, puedo tener tiempo para pensarlo?".

"Por supuesto".

Después de ser dado de alta del hospital, Tony fue a la *Minneapolis Adult and Teen Challenge* por 13 meses, donde se fundamentó en quién es el verdadero Jesús y cómo seguirlo desde el amanecer hasta el anochecer.

Cuando salió de allí, consiguió un trabajo conduciendo un camión de reparto de la tienda de repuestos. Durante un año, asistió a dos servicios de la iglesia cada domingo y asistió a las reuniones de *Celebración de Recuperación* regularmente. Tenía un Patrocinador AA y se levantaba dos horas temprano cada mañana para leer las Escrituras y orar. Mientras conducía, solo escuchaba estaciones de radio cristianas.

Tony y yo hablamos dos veces por semana y nos reunimos en persona al menos una vez al mes, me impresionó su pasión por Jesús.

Me gustaría que fuera el final de la historia de Tony. Una tarde, llamó y anunció que había comenzado su propio negocio de mantenimiento de césped los fines de semana. No vi la bandera roja en ese momento.

Pronto tuvo más trabajos de los que podía manejar. Le preguntó a su compañía si podía cambiar a semanas de cuatro días. Estuvieron de acuerdo, pero solo si trabajaba el mismo número de horas.

Condujo el camión de reparto de 10 a 12 horas al día y se ocupó de los céspedes tres días a la semana. La ocupación se convirtió en el enemigo que lo alejó de Jesús. Tony ya no tenía la energía para levantarse dos horas antes para la oración y la lectura de las Escrituras. No podía hacer sus reuniones de *Celebración de Recuperación* y no tenía tiempo para las reuniones de AA o para reunirse con su patrocinador. Faltaba a la iglesia los domingos y se retiró de todas las relaciones cristianas significativas, ahora escuchaba música rock en su camión de trabajo.

En resumen, Tony dejó de hacer las cosas correctas y perdió el contacto con sus creencias centrales y su fe. Era un Tony diferente al que había sido salvado en el hospital.

El siguiente diagrama muestra lo que le sucedió:

Cualquier cosa que tome el lugar que le corresponde a Dios en nuestras vidas es la oscuridad, pero eso no significa que estemos de pie en la oscuridad pura o la luz perfecta todo el tiempo. Es más, un continuo de luz y oscuridad basado en si estamos más en el Reino de Dios o más en el mundo en un momento dado.

El número **1** definió a Tony después de haber nacido de nuevo en un hospital de Minneapolis y durante 13 meses en *Adult and Teen Challenge*. Dios tomó el 80% de su vida.

El número **2** representó a Tony cuando dejó *Adult and Teen Challenge* y comenzó a trabajar para la tienda de repuestos. Un trabajo, problemas con el automóvil y las necesidades estándar de comida, refugio y ropa se convirtieron en distracciones para seguir a Jesús. La vida en general se convirtió en un enemigo. Los seguidores de Cristo maduros han aprendido a incorporar a Dios incluso en las cosas más comunes de sus vidas, pero Tony estaba a unos pocos cientos de millas de ser uno de ellos.

El número **3** describió a Tony cuando comenzó su negocio de mantenimiento del césped. De repente estaba empacando diez kilos de ocupación en una bolsa de cinco. Esos cinco kilos adicionales eran un enemigo de su estancia cerca de Jesús.

El número **4** se convirtió en el punto de asentamiento de Tony dentro de las cuatro semanas de la bolsa rellena, y Jesús no se encontraba en ninguna parte. Comenzó a drogarse de nuevo tan fuertemente que se desmayó tres veces conduciendo su automóvil. Su adicción se convirtió en su enemigo como una venganza. Después de la tercera vez, se dio cuenta de que necesitaba volver a ponerse en contacto con Jesús o terminaría muerto. Cuando saque el *gráfico de más de Dios, más del mundo* Tony lo entendió en un abrir y cerrar de ojos.

"Claro Pat, eso es lo que me ha estado sucediendo. Es como la historia de mi vida. Cuando estoy con Dios, suceden cosas buenas. Cuando no estoy con Dios suceden cosas malas, es así de simple. Necesito ser totalmente para Dios, eso es todo lo que hay que hacer".

Realmente es así de simple: ser todo por Dios es el prerrequisito inquebrantable del éxito eterno. Para mí, estar en la presencia del Señor requiere que no esté en mi propia presencia tanto como lo estoy en Su presencia. En el gráfico que mostré Tony pintó un cuadro de lo que no entendía con sólo palabras.

"¿Qué vas a hacer ahora Tony, ahora que te das cuenta de que la vida que estás viviendo no funciona?".

"¿Qué crees que debería hacer Pat?".

"Creo que necesitas volver a reencontrarte con el verdadero Jesús. ¿Por qué no oras y me haces saber lo que surge?".

No le dije a Tony qué hacer porque esa sería mi elección, no la suya. Necesitaba reclamar la responsabilidad.

Tony se inscribió para vivir en una instalación residencial con base cristiana, donde tenía un lugar seguro para vivir mientras trabajaba en una fábrica cercana. Desde allí fue a una escuela de comercio y ahora está trabajando como cerrajero en el área de Minneapolis. Está sobrio, pero me dice que no es fácil. Las tentaciones de consumir drogas y beber lo bombardean como murciélagos de tú sabes dónde. Pero los enfrenta haciendo lo que necesita hacer para permanecer cerca de Jesús.

EL PODER DE LAS ADICCIONES

Hay mentiras detrás de cada adicción:

"No puedo vivir sin esto. Necesito las drogas para lidiar con el estrés, el dolor y todos los demás problemas que tengo. No puedo imaginar mi vida sin el alcohol. Soy incapaz de dejar mi adicción. Es el único placer y comodidad que tengo en la vida".

Estas mentiras reflejan la oscuridad de este mundo caído. Un pequeño porcentaje de adictos puede cambiar sus vidas por el poder de sus voluntades, la mayoría no puede, Jesucristo es la Verdad y la Luz que puede sacarte de las tinieblas, si lo dejas.

Entonces, ¿un relámpago convierte tu oscuridad en luz en el centelleo de un ojo? Ese no es el patrón habitual. Es más, un viaje que un momento en el tiempo y la dirección es más importante que la perfección. Lo más importante es la intención de seguir a Jesús y buscarlo con todo tu corazón.

Tú tienes el tiempo en la cárcel o en un centro de rehabilitación para concentrarse en la lectura de las Escrituras, la oración, los estudios bíblicos y la comunión cristiana. Puedes pensar que estás bien equipado, pero si no caminas de cerca detrás de Jesús cuando salgas perderás tu camino de nuevo. Pero ¿cómo lo haces a menos que tengas un plan?

Lo que voy a decirles a continuación es de dónde viene ese plan y qué hay en él.

Capítulo ocho
Paso 4: Planea leer la Biblia diariamente.

> *"Porque yo sé muy bien los planes que tengo para ustedes- afirma el SEÑOR -, planes de bienestar y no de calamidad, a fin de darles un futuro y una esperanza. Entonces ustedes me invocarán, y vendrán a suplicarme, y yo los escucharé. Me buscarán y me encontrarán cuando me busquen de todo corazón".*
>
> Jeremías 29:11-13

Mike Tyson, el excampeón mundial de boxeo de peso pesado una vez dijo: "Todo el mundo tiene un plan hasta que reciben un puñetazo en la boca". Robert Burns un poeta escocés escribió que "Los planes mejor establecidos de los hombres a menudo se extravían".

Podemos diseñar nuestros propios planes bien intencionados, pero los problemas crónicos de salud, la muerte de un ser querido o la pérdida de un trabajo pueden convertirse en un puñetazo en la boca y los planes mejor establecidos pueden desviarse cuando los problemas y dificultades vienen llamando a la puerta.

Esto es especialmente cierto para los adictos que no pueden dejar de beber o drogarse sin importar cuán bien intencionados sean sus planes para dejar de hacerlo. O reclusos que planean nunca volver a la cárcel, pero lo hacen una y otra vez. O para aquellos en lugares oscuros que no pueden encontrar la luz por su cuenta.

El pasaje anterior de Jeremías nos dice que debemos prestar atención a los planes de Dios, no a los nuestros, pero ¿cómo vamos sobre la búsqueda y el hallazgo?

LA HISTORIA DE SERGIO PARTE 1

Me reuní con Sergio en la sala de conferencias de una cafetería en *Búfalo*, el día después de que dejó la rehabilitación de adicciones por séptima vez. Después de un poco de conversación planteé mi pregunta habitual.

"Sergio, ¿qué vas a hacer diferente esta vez que las otras seis veces que todo terminó en el fracaso para mantenerte sobrio?".

Se encogió de hombros, "no lo sé".

Me encogí de hombros para imitar su gesto. "Así que vas a vivir la a lo loco a lo largo de los años?".

No estaba destinado a ser un comentario amable, y él no lo tomó como tal. De repente se sentó hacia arriba como si hubiera metido el dedo en una toma de corriente y habló con la voz de una persona cuya cara acababa de ser abofeteada.

"Que tú quieres decir con que vivir la vida a lo loco?".

Bueno, había llamado su atención, que era mi intención, pero necesitaba mostrarle rápidamente que no quería hacer daño, mi voz se suavizó.

"Quiero decir que solo dejas que tu vida continúe sin un plan. Eres salvo y conoces la verdad de la Biblia, pero no actúas sobre ella".

Sin duda, la respuesta de Sergio vino de todos los consejos que había escuchado en rehabilitación sobre cómo mantenerse sobrio.

"Ya, claro, lo sé ¿Il igual que el plan para evitar todos mis amigos y pasar a otro estado y empezar de nuevo? Eso es realmente genial. Tal vez debería planear mudarme a China, donde no conozco a nadie. ¿Qué tal si me convierto en un misionero allí?".

No dije nada, Sergio deambuló con su colección sarcástica de elecciones absurdas que podría hacer para mantenerse alejado de las drogas, terminando en ser un ermitaño en el Himalaya.

"¿Por qué tengo que tomar decisiones difíciles? ¿Por qué Dios no me quita mi adicción? Por eso oro".

Vi a Sergio girar la cabeza hacia la puerta y escuché arrastrar sus piernas debajo de la mesa como si estuviera a punto de levantarse e irse.

Mi Biblia estaba sentada en la esquina izquierda de la mesa. Yo la agarré y rápidamente busque dos versos por los que vivo.

"No voy a darte ninguno de esos consejos Sergio". Descubrí que solo decir no al alcohol o las drogas funciona tan bien como decir no a la comida cuando te mueres de hambre. Algunas personas pueden dejar de usar por la fuerza de la voluntad, la mayoría no puede.

"Y evitar a los amigos que pueden ser los únicos allí para ti puede dejarte caminando por las calles solo. Lo que realmente necesitas hacer es algo diferente a cualquier cosa que hayas hecho antes. Albert Einstein dijo que hacer las mismas cosas una y otra vez y esperar resultados diferentes es la definición de locura".

Sergio se río un poco.

"Has escuchado lo que el mundo tiene que decir acerca de mantenerse sobrio, escuchemos cuál es el plan de Dios".

Me miró fijamente mientras hablaba con la voz silenciosa de una persona que cuenta secretos.

"Acérquense a Dios y Él se acercará a ustedes".
Santiago 4:8

"Permaneced en Mí, y permaneceré en ustedes".
Juan 15:4

Sergio dejó de mirar a la puerta y me miró fijamente. Volví a mi voz normal y continué.

"Ya ves Sergio, la Biblia dice que tú haces el primer movimiento, no Dios. Él no suele venir estrellándose contra tu vida sin previo aviso, debes acercarte a Él y permanecer allí. Tú viniste a Él cuando le pediste que te salvara y te quedaste cerca de Él durante tu estancia de tres meses en *Adult and Teen Challenge*. Luego dejaste a Jesús de pie en el lado norte de tu camino de vida mientras te dirigías al sur.

No tienes un plan para mantenerte sobrio ¿no ves que no tener un plan *es* un plan en sí mismo? Y vivir la vida locamente sin un plan es un plan en sí mismo también".

Pensé que había ido lo suficientemente lejos y dejé de hablar. Tomé un sorbo de café y oré para que Sergio hiciera la pregunta que esperaba que él hiciera y lo hizo, justo en el momento.

"Me tienes contra la pared Pat. He oído lo que estás diciendo, entonces, ¿cómo se ve un plan? Yo no quiero vivir alocadamente o como le llames, quiero mantenerme sobrio quiero ser un buen esposo y padre, quiero mantener un trabajo y ser un buen proveedor, si no lo logro esta vez mi esposa me dijo que me dejaría y se llevaría a los niños e iría a vivir con sus padres".

Vi una lágrima en su ojo.

"No me habías dicho eso antes Sergio, ahora realmente necesitas tener un plan".

Por la mirada de su rostro vi que había herido sus sentimientos. "Absolutamente, pero ¿cómo hago un plan? ¿Me ayudarás a hacer uno?".

"¿Quieres decir que te ayude a desarrollar un plan? La respuesta a eso es un no".

Parecía un niño pequeño al que le habían dicho que no podía ir a la fiesta de cumpleaños de su mejor amigo.

"¿Por qué no? Dijiste que querías ayudarme".

Puse mis codos sobre la mesa, me incliné y lo miré directamente a los ojos:

"Porque si se me ocurre un plan para ti, será mi plan y si a ti se te ocurre un plan, será tu plan. Ninguno es lo suficientemente bueno. ¿Qué tal si miramos en la Biblia para ver qué plan tiene Dios en mente para tu vida? Te ayudaré con eso".

Vi un suspiro de alivio en su rostro.

"¡Ay, que alivio! Pat. Pensé que ibas a recoger e irte".

"No haría eso Sergio. Estoy en esto a largo plazo, pero quiero que consigas tu ayuda del Señor, no de mí. Sólo soy Su mensajero. ¿Estás listo para dejar que el Espíritu Santo establezca un plan para ti?".

La cara de Sergio tomó una mirada decidida, él no sonrió. "Absolutamente".

Quería que Sergio fuera parte del proceso, así que no solo revelé el plan de las Escrituras. En lugar de eso le hice preguntas.

"Está bien Sergio, si quieres permanecer cerca de Jesús, quieres saber todo sobre Él ¿y dónde podrías encontrar eso?".

No quería arriesgarse a estar equivocado, por lo que su respuesta salió más como una pregunta.

"pues, ¿en la Biblia?".

"Exactamente, vamos a ver ahí lo que encontramos".

"Hagámoslo" dijo, como si ahora estuviera en control, "vamos a encontrarlo en la Biblia".

"Eso me suena bien Sergio. Busca a 2 Timoteo 3:16 y léelo en voz alta".

Abrió su Biblia, que parecía que había sido sacada de una caja que había llegado en esa misma mañana:

"Toda la Escritura es inspirada por Dios y es útil para enseñar, reprender, para corregir y para instruir en la justicia".

"¿Qué crees que eso significa Sergio?" Él no titubeó.

"Significa que la Biblia es el libro de Dios y nos enseña el bien y el mal y cosas por el estilo".

"Gran respuesta, pero ¿qué tal la palabra *justicia*? ¿Qué crees que eso sugiere?",

Él dio la respuesta que pensé que daría.

"Significa que la Biblia me entrenará para hacer las cosas correctas, ¿verdad?".

Su voz estaba segura, pero se había perdido el significado principal. No quería dejar salir el aire de su globo, así que utilicé una manera de hablar por el camino.

"Es parte de eso Sergio, pero la palabra también significa algo más. Significa estar en una posición correcta con Dios lo que significa hacer las cosas a Su manera en lugar de a tu manera. Esa es una buena razón por la que debes leer la Biblia todo el tiempo, para averiguar cuál es Su camino y dirigirte en esa dirección".

Él asintió con la cabeza.

"¡Padrísimo! Eso tiene sentido, entonces ¿con qué frecuencia es todo el tiempo?".

Estaba listo para esa pregunta y saqué un Antiguo Testamento Amplificado de mi maletín, lo abrí a Josué 1:8 y leí: (quería usar la versión amplificada debido a su traducción ampliada del hebreo original):

"Este Libro de la Ley no se apartará de tu boca, sino que lo leerás [y meditarás] día y noche, para que tengas cuidado de hacer [todo] de acuerdo con todo lo que está escrito en él; porque entonces harás tu camino próspero, y entonces tendrás éxito".

"¿Eso responde a tu pregunta? Todo el tiempo no es lo suficientemente específico, día y noche da una mejor guía o ¿qué tal si solo decimos diariamente?".

"Así que ese es el plan Pat ¿leer la Biblia diariamente? ¿Y meditar significa pensar sobre lo que estoy leyendo?".

"Ese es el plan Sergio, de hecho, has dado en el clavo".

"Pero por dónde empiezo Pat, quiero decir ¿comienzo al principio de la Biblia y llego al final?".

"Te sugiero que comiences con el Evangelio de Juan en el Nuevo Testamento y Génesis en el Antiguo, leyendo de un lado a otro entre los dos. Luego lee Mateo, Marcos y Lucas; y Éxodo y los Salmos en el Antiguo Testamento, de la misma manera de ida y vuelta. Entonces podemos discutir a dónde ir después de eso. Si escribes en Google *Leer a través de la Biblia en un año*, encontrarás todo tipo de planes.

"Pueden tener dos momentos diferentes para estudiar las Escrituras: uno para el Nuevo Testamento y otro para el Antiguo".

"¿Qué? ¿Cómo voy a encontrar tiempo para hacer eso? Oye, sabes que tengo un trabajo y una familia".

"Nunca habrá tiempo para leer las Escrituras si tratas de adaptarlo en tu vida diaria, necesitas tomar tiempo de otra cosa".

"¿Como qué?".

"¿A qué hora se levanta tu familia por la mañana?"

"Alrededor de las 7:00".

"Entonces te levantas a las 6:00 y pasas una hora en oración y estudiando a Juan y los otros tres evangelios.

¿Qué haces después de la cena?".

"Veo la televisión hasta que me voy a la cama me relaja".

"Toma media hora de tu tiempo frente al televisor y lee algo de Génesis, Éxodo y Salmos".

"Pero algunos de mis programas favoritos son corridos unos detrás de los otros".

"Grábalos y los ves más tarde, ahorrarás 15 minutos simplemente omitiendo los comerciales. Grabar dos programas te dará la media hora que necesitas".

"¡Padrísimo! Nunca lo pensé, puedo hacer eso".

Es interesante que Sergio tuviera su mano en la Biblia que trajo cuando hizo esa promesa, no hice comentario alguno, Él sabía lo que quería decir con eso.

"No importa qué más hagas, solo leer la Biblia de acuerdo con un plan es una de las cosas más importantes que puedes hacer, si no *la* más importante.

Pero (seguido de una larga pausa) no quieres leer la Biblia como una revista o un periódico. Dios nos habla a través de su Palabra y tú quieres escuchar con atención, y ese no es el final, también quieres descubrir el significado de lo que estás leyendo tal como se aplica a tu propia vida y ponerlo en práctica".

Sergio se sentó con los labios separados, pero no salieron palabras al principio.

Finalmente habló.

"Esto es mucho a la vez Pat, me siento agobiado".

"Puedo entender eso Sergio. Permíteme darte un ejemplo de la vida cotidiana para ver si eso ayuda a resolverlo".

"Ok. Dale, hazlo".

"¿Recuerdas cuándo obtuviste tu licencia de conducir en la escuela secundaria?"

"Claro, en entonces podría ir a lugares sin tener que estar detrás de mis padres para un paseo".

"¿Alguien te regaló la licencia de conducir un día?".

"Ja ja, ni en mis sueños. Aprendí las reglas de la carretera en un manual que recogí en el lugar de licencias del centro".

"Lo leíste una sola vez?"

"Pienso que más bien diez veces, lo estudié hasta que supe todo de él porque tenía que hacer un examen escrito, que por cierto pasé".

"¿Y luego te dieron tu licencia de conducir?".

"No del todo. También tuve que pasar un examen de manejo, ya sabes, conducir un automóvil con un oficial de licencias que me echa un vistazo".

"¿Tomaste esa prueba tan pronto como pasaste la prueba escrita?".

"Pues no, tuve que practicar como loco con una instructora de manejo hasta que ella me dijo que estaba listo para el examen, y cuando hice esa prueba obtuve mi licencia de conducir".

Yo sonreí.

"Así es como es con la lectura de la Biblia Sergio, es tu manual del conductor. Tú no quieres simplemente leer a través de la Biblia, tú quieres estudiarla como si fueras a tomar un examen.

"Entonces quieres practicar aplicándola a tu vida como practicaste a conducir un automóvil. Entonces y solo entonces puedes estar seguro de que sabes a dónde vas en el Reino de Dios y cómo llegar allí. En efecto, la Biblia es como mapa de carretera, ¿tiene sentido ahora?".

"Creo que sí, ahora tiene sentido, pero ¿cómo hago eso? ¿Lo leo una y otra vez como un manual del conductor?", se detuvo, "realmente debo parecer estúpido cuando se trata de entender todo esto".

"No eres estúpido Sergio, en absoluto solo estás desinformado. Mi trabajo es informarte, te sugiero que compres una Biblia de Estudio para ayudarte con la parte de estudiar la Biblia".

"Mi esposa tiene una de esas, pero es para mujeres".

"Puedes encontrar una buena Biblia de Estudio para todos o solo para hombres en una librería cristiana o en línea, como en Amazon".

"Está bien, puedo hacer eso".

Su mano permaneció en su Biblia.

"¿Algo más? Dijiste que no debería estar leyendo las cosas de la Biblia como se lee una revista ¿cómo debo leerla?".

"Bueno, debes estar pensar en lo que estás leyendo y orar al respecto".

"Explícame, ¿qué quieres decir con eso?".

"Sabes Sergio, creo que sería mejor mostrarte lo que quiero decir en lugar de decirte, ¿de acuerdo?".

"Bien. Dale hazlo".

"Por favor, dirígete al Evangelio de Juan y lee los dos primeros versículos del primer capítulo".

"En el principio ya existía el Verbo, y el Verbo estaba con Dios, y el Verbo era Dios. Él estaba con Dios en el principio".

"*El Verbo* es Jesucristo en este pasaje, y Jesús estaba con Dios y siempre fue Dios desde el principio. Así que cuando oras a Jesús, estás orando automáticamente a Dios. En Juan 10:30, Jesús dice: *Yo y el Padre somos uno.* Este es el misterio de la trinidad que no se puede explicar adecuadamente en nuestro mundo tridimensional".

Hice una pausa para enfatizar. Sergio estaba inmóvil, como si estuviera en un hechizo de algún tipo.

"Aquí hay una manera en la que podría pensar y orar acerca de estos dos versículos".

"Señor Jesús, gracias por ser la Palabra y por haber descendido a la tierra para morir por nuestros pecados. Eres es un gran Dios. Eres es un Dios poderoso. Sé que no puedo entenderte completamente, pero me da una gran esperanza sólo saber que eres Dios. Te amo Jesús por lo que eres y lo que hiciste por mí, mi Dios y mi Salvador".

La mirada en la cara de Sergio me dijo que algo había pasado.

"¡Órale!" Nunca pensé en hacer algo así. ¿Otro ejemplo?"

"Dale, gira más adelante en Juan al capítulo 14 y lee los versículos 15 y 16".

> *"Si ustedes me aman, obedecerán mis mandamientos. Y le pediré al Padre, y Él le dará otro consolador para que los acompañe siempre: el Espíritu de la verdad...".*

Cuando Sergio terminó de leer preguntó: "¿Cómo sé lo que Jesús manda?" Antes de que pudiera decir algo, él respondió a su propia pregunta. "No lo digas".

¿No diga qué?".

"No digas que lo encontraré en la Biblia".

"OK, no lo diré, pero tienes razón. Por ejemplo, en más de un lugar, la Escritura dice 'Ama al Señor tu Dios con todo tu corazón y con toda tu alma y con toda tu mente y con todas tus fuerzas', Jesús lo llama el mandamiento más importante.

Con esto en mente, echemos un vistazo a Juan 14:15-16 y te daré un ejemplo de cómo pensar en esto y orarlo".

> *"Señor Jesús, Te amo y quiero obedecer Tus mandamientos. Quiero aprender todos ellos de Tu Palabra. Te agradezco por enviar al Espíritu Santo para que me enseñe la verdad. Quiero saber la verdad sobre Ti, y voy a leer sobre Ti y el Padre todos los días a partir de ahora. Pero sé que no puedo hacerlo por mi cuenta, así que dependeré del Espíritu Santo para me muestre qué leer y lo qué significa".*

Sergio se sentó allí con una frente fruncida y una cara decidida, como si tradujera mi oración a su propio idioma.

"Pat, ¿puedo intentarlo con un versículo que he marcado porque está me está hablando directo a mí, Juan 14: 1".

> *"No se angustien. Confía en Dios, y confíen también en Mí".*

"Ese es un gran verso Sergio. Me alegro de que lo hayas marcado. Sigue con lo próximo".

"Padre Dios, mi corazón está preocupado por mi adicción y cosas por el estilo, y estoy todo hecho un desastre y he dañado a mi familia.

No puedo perdonarme a mí mismo, pero sé que Tú puedes. He intentado y tratado de dejar de usar droga y beber, pero no he podido. Me rindo. Te lo estoy devolviendo todo, Padre Dios, porque confío en Ti y en Jesús. Creo que puedes manejarlo yo no puedo.

No oro esto por mi cuenta, Padre Dios, sino en el nombre de Jesús".

Se detuvo, y me senté allí sorprendido. Sólo había orado por la Escritura como si le hubieran entregado un guion por el Espíritu Santo. Me senté en silencio e inmóvil, sintiéndome como si estuviera en tierra santa. Me tomó la mayor parte de un minuto para responder.

"Sergio, no sé qué decir. Esa fue una gran oración que pusiste en tus propias palabras. Estoy impresionado, y creo que Dios está muy complacido contigo también".

Él asintió de acuerdo cuando nos levantamos y salimos de la cafetería para caminar por las calles de la vida, y Sergio con una nueva determinación de leer la Biblia diariamente de una manera significativa.

Capítulo nueve
Paso 5: Planea orar continuamente.

"Él, por su parte, solía retirarse a lugares solitarios para orar".
Lucas 5:16

Casi la mitad de los estadounidenses oran todos los días, según una encuesta de Lifeway Research en cuanto a lo que oran es:

- 82% por amigos y familiares.
- 74 % ora por sus propias necesidades y dificultades.
- 42 % ora por sus propios pecados.
- 38 % ora por los afectados por desastres naturales.
- 20 % ora para ganar la lotería, para que nadie se entere de algo malo que hicieron, para que Dios vengue a alguien que los lastimó a ellos o a un ser querido, o para que su equipo favorito gane un juego.
- 10 % ora para que les sucedan cosas malas a las personas malas, para no lo atrapen por exceso de velocidad o para encontrar un lugar de estacionamiento.

¿Es esto todo lo que hay para la oración? ¿Es así como Jesús enseñó a Sus discípulos a orar? Las preguntas reales que necesitamos responder involucran por qué oramos, cómo y dónde.

LA HISTORIA DE SERGIO PARTE 2

Sergio y yo nos reunimos en la misma sala de conferencias de la cafetería. Me acerqué a la pizarra en la pared y escribí *Leer la Biblia Diariamente* y puse un 1 al frente de ella.

"¿Cuál crees que podría ser el número 2, Sergio?".

"Bueno hablaste la semana pasada acerca de leer la Biblia diariamente y que la siguiente constituiría los dos más importantes o los dos grandes o algo así. *Oré* al respecto toda la semana".

Sergio se rio de su astucia.

Volví a la pizarra, escribí el número 2 y puse *Orar continuamente* después. Sergio soltó una risa de alegría.

"Esa es una buena suposición, Pat. Incluso sé dónde encontraste el verso de orar continuamente".

Abrió su Biblia recién gastada a 1 Tesalonicenses 5:17 y leyó ese versículo y los de antes y después:

"16Esten siempre alegres,17 oren sin cesar (continuamente),18 den gracias a Dios en toda situación; porque esta es Sa voluntad para ustedes en Cristo Jesús".

"Eso es, Pat, ¿verdad?" Yo asentí con la cabeza. "Pero eso de oración continuamente me tiene pensando. Apenas puedo pasar más de 15 minutos antes de que me quede sin gente y cosas para orar".

"De eso es de lo que vamos a hablar hoy Sergio. Presta especial atención al verso después del 17, dar gracias sin cesar es una manera de orar continuamente".

"Seguro, Pat, pero tiene que haber más sobre orar continuamente que solo eso. Otra cosa, ya sabes".

"En el capítulo 5 de Mateo, Jesús les da a los discípulos lo que llamamos el Padre Nuestro, ¿conoces esa oración?".

Sergio asintió con la cabeza.

"Yo solía tener el mismo problema con la oración que tú. Yo lograba levantar en oración por mi familia y amigos y personas con problemas de salud y problemas que estaba teniendo en menos de media hora. Y luego hacia lo mismo a la mañana siguiente. 'Tiene que haber más para orar que esto', dije una mañana.

El domingo siguiente, un misionero visitante habló en nuestra iglesia acerca de usar el Padre Nuestro como un esquema de oración. Cuando terminó de hablar, pensé para mí mismo, 'Esa es la respuesta a mi petición a Dios el martes pasado'".

Me detuve allí y tomé un sorbo de mi taza de café sobre la mesa. Podría decir que Sergio esperaba que continuara, pero no dije nada.

"Oye Pat, ¿me vas a decir lo que él dijo?" Ahora tenía su atención.

"¿Qué pasaría si te dijera que puedes orar el Padre Nuestro una vez durante al menos una hora? ¿Y si te dijera que podrías orarlo más tarde en el día con diferentes pensamientos y palabras? ¿Y si te dijera que puedes orar una parte para comenzar el día y otra parte conduciendo al trabajo y otra parte durante un tiempo tranquilo en tu oficina?"

"Yo diría que sabes algo que yo no sé".

"Bueno Sergio, ¿por qué no te digo lo que sé?".

"Suena bien", dijo, mientras me observaba caminar hacia la pizarra. Agarré un marcador y dibujé el lado de una casa.

"Esta es una casa de oración y estas siete tablas, clavadas verticalmente detrás, forman el armazón".

"Conozco de construcción", dijo Sergio, "pero ¿qué tiene que ver esto con el Padre Nuestro?".

"Paciencia mi amigo, déjame terminar".

Sin demora, escribí las peticiones de la oración del Padre Nuestro en la pizarra, que encontrarán en la parte superior de la página siguiente:

Sergio tenía su cuaderno abierto durante los cinco minutos que me llevó completar el marco. Podía verlo copiando el gráfico, solo ocasionalmente recogiendo su taza de café para tomar un sorbo.

```
PADRE NUESTRO QUE ESTAS EN LOS CIELOS
SANTIFICADO SEA TU NOMBRE
VENGA A NOS TU REINO
HAGASE TU VOLUNTAD EN EL CIELO COMO EN LA TIERRA
EL PAN NUESTRO DE CADA DIA DANOSLO HOY
PERDONA NUESTRAS DAUDAS COMO NOSOTROS PERDONAMOS A NUESTROS DEUDORES
Y NO NOS METAS EN TENTACION
```

"Cada una de estas siete tablas representa una petición de la oración del Padre Nuestro. El de arriba se llama *Nuestro Padre que estás en los cielos.*"

Con eso, me moví de la pizarra a la mesa y me senté. Sergio levantó su taza de café con su pluma todavía en la mano y casi la derrama. Los dos nos reímos.

"Pat, tengo la sensación de que esto llenará nuestras dos horas de hoy".

"Así es, Sergio, solo espero que podamos superar todo esto". Bebí dos sorbos de mi café antes de explicar la primera tabla.

"*Padre nuestro que estás en los Cielos* es nuestra señal para declarar que Dios está muy por encima de nosotros y Sus caminos son mayores que nuestros caminos, y Sus pensamientos más que nuestros pensamientos. También podemos declarar que Jesús es nuestro Rey, que también está en el cielo, pero dentro de nosotros por el poder del Espíritu Santo, y que en su nombre cada rodilla se doblará y cada lengua reconocerá a Dios. Este es también un buen lugar para prometer que vamos a seguir el camino de Dios en lugar de nuestro propio camino".

Los ojos de Sergio se iluminaron como luces de neón. Él lo entendió.

"Eso es genial. Tú usas las palabras de la oración del Señor como indicios de qué orar. No tienes que estar orando por ti mismo o por los demás todo el tiempo".

Comenzó a escribir furiosamente en su cuaderno.

"Tienes razón otra vez. Las primeras cuatro peticiones de la oración del Señor son sobre Él y las últimas tres son sobre nosotros mismos".

El Espíritu Santo se unió a la conversación mientras discutíamos otras diez maneras en que podíamos orar acerca de nuestro Padre Celestial, terminando, dándole las gracias por ser nuestro Dios y por crearnos a Su imagen y semejanza. Era hora de la próxima tabla *-Santificado sea tu nombre.*

"¿Qué crees que significa la segunda, Sergio?" Él entendió el proceso y no dudó.

"Me imagino que significa que aquí es donde alabamos a Dios y lo adoramos, ¿cómo al comienzo de un servicio religioso verdad? Y alabaríamos y adoraríamos a Jesús también, ¿Cierto?".

"Bien de nuevo".

Sergio estaba usando un formato de esquema estándar para anotar todo lo que discutimos:

1. Padre nuestro que estás en el cielo.
    a. Dios muy por encima de nosotros, Sus caminos más grandes que los nuestros.
    b. Jesús nuestro Rey, en el cielo y dentro de nosotros por E.S. [Noté que él escribía sus notas y ya iba por la letra n…]
2. Santificado sea tu nombre – alabanza y adoración.
    a. Como al comienzo del servicio de la iglesia.

"¿Dónde aprendiste a delinear así, Sergio?".

"Tuve un profesor universitario que nos enseñó a tomar notas. Sin eso, no hay manera de que podríamos haber seguido el ritmo de él".

Llegamos a la letra j en el esquema antes de que Sergio dijera, "Creo que ya lo tengo, Pat. Podríamos pasar una hora aquí, pero espero llegar a la tabla 7".

"Dale, ¿qué tal *Venga Tu reino*? ¿Qué ideas tienes sobre eso?".

Pensó antes de responder.

"¿Significa eso acerca de cuándo Jesús vuelva al final de los tiempos, como dice en la Biblia?".

"En parte sí, Sergio. ¿Qué crees que son otras partes?" Su mirada en blanco me informó que su mente también estaba en blanco. "El Reino de Dios ha venido a ti, ¿verdad?".

"Correcto".

"Puedes dar gracias a Dios por morir en la cruz para que Su reino pueda venir a ti".

"Absolutamente".

"¿Tienes amigos o familiares que no son salvos?".

"Si, muchos de ellos".

"Entonces puedes orar para que el Reino de Dios venga a ellos y preguntar qué podrías hacer para ayudar a que eso suceda".

"Probablemente sea mejor que pedirle a Dios que cure sus enfermedades y se ocupe de sus problemas, ¿verdad?".

"Exactamente. ¿De qué sirve la salud en esta vida si la condenación eterna está esperando al otro lado de la cortina?".

La tinta estaba siendo depositada en su papel de cuaderno en litros – o eso parecía.

"¡Genial, Pat! ¡Padrísimo! Vamos a seguir adelante".

"No hemos terminado con esta tabla, Sergio. Hay una cosa más que puede agregar a tu esquema."

"Está bien, ¿qué me falta?"

"Algo en lo que realmente puedes hundir tus dientes durante la oración".

No necesitaba decir nada. La mirada de entusiasmo en su rostro me dijo que estaba sintonizado y listo para tomar notas.

"Los seguidores de Cristo no son soldados de asalto que marchan por su cuenta. Están unidos al Ejército del Señor para ayudar a avanzar en el Reino de Dios en la Tierra mientras sus corazones aún laten.

"Este es el lugar donde le preguntas a Dios qué puedes hacer para avanzar en Su reino hoy y mañana. ¿Con quién puedes hablar? ¿A quién puedes discipular? ¿A quién puedes servir? Esta es la parte de la oración del Señor que me movió a convertirme en capellán en la cárcel del condado de Wright y visitar unas 15 cárceles del condado cada año, predicando la salvación de Jesucristo y el poder del Espíritu Santo".

No dije nada más para darle tiempo para escribir lo que acababa de decir. Después de aproximadamente un minuto, él me miró.

"Lo escribí todo. La siguiente parte de la tabla es *Hágase tu voluntad*. Así que supongo que oro para seguir la voluntad de Dios, ¿verdad? Ya sabes, pedir que la voluntad de Dios se haga en mí. Su voluntad no es para mí seguir bebiendo y usando droga. Así que cuando oro que se haga Su voluntad, es como orar que me muestre cómo dejar de beber y usar drogas.

"Y leer la Biblia todos los días sería Su voluntad, y orar continuamente, y otras cosas por el estilo, ¿verdad?".

"Eso está justo en la marca, Sergio. Aquí hay un versículo de las Escrituras sobre la voluntad de Dios en la que debes meditar".

"No se amolden al mundo actual, sino sean transformado mediante la renovación de su mente. Así podrán comprobar cuál es la voluntad de Dios su buena, agradable y perfecta".

Romanos 12:2

"El patrón de este mundo caído es oscuro y peligroso, y no quieres seguir sus caminos. En su lugar, desea estar alineado con el Reino de Dios y aprender cuál es Su voluntad".

"Lo entiendo Pat, pero ¿cómo renuevo mi mente?".

"No lo haces. El Espíritu Santo renueva tu mente cuando lees Su Palabra en la Biblia y buscas a Dios con todo tu corazón".

"Pregunta, Pat. ¿Cómo busco a Dios con todo mi corazón?".

"Cubrimos la lectura de la Biblia la semana pasada y estamos cubriendo la oración hoy. La próxima semana exploraremos otras formas".

Sergio lo escribió todo en su cuaderno. Me sorprendía lo bueno que era tomando notas. Siempre estoy un poco cauteloso cuando tengo una discusión como esta con alguien que no escribe nada. ¿Cómo van a recordar todo?,

"Apuesto a que hay más sobre eso, ¿verdad, Pat?".

"Estás en lo correcto otra vez. Eso es lo bueno de usar la oración del Señor como guía para una oración más profunda. Siempre hay más que eso.

"Por ejemplo, puedes orar la voluntad de Dios para que se haga con tu familia, amigos, compañeros de trabajo, y las personas que se reúnen todos los días".

Sergio escribió eso, pero no levantó la cabeza para lo que vendría después.

Supuse que estaba reflexionando sobre lo que acababa de escribir.

"No sé muy bien cómo decir esto, Pat, pero ¿cómo sabemos cuál es la voluntad de Dios para otra persona? Quiero decir, ¿cómo sé que orar por mi hermano para que consiga el trabajo que ha solicitado es la voluntad de Dios? ¿O que mi hijo se convierta en el mariscal de campo de su equipo de liga pequeña porque eso es lo que quiere?".

En el segundo capítulo de Juan, en la boda en Caná, María, la madre de Jesús, simplemente le dice: *No tienen más vino*. Ella no le dijo lo que pensaba que debía hacer. Ella lo dejó en sus manos.

"No tienes que ofrecer a Dios una estrategia para tu hermano, puedes simplemente orar algo como esto, 'Señor, mi hermano necesita un nuevo trabajo, pero él necesita algo más importante. Él necesita tu gracia salvadora para nacer de nuevo. Si este es el trabajo en el que eso podría suceder de alguna manera, ruego que le muestres favor. Si otro trabajo fuera mejor para eso, oro para que ese trabajo llegue'.

Y para tu hijo, 'Señor, protege la salud de mi hijo dondequiera que termine. Construye un cerco de protección a su alrededor tanto en sus actividades físicas como en su desarrollo espiritual. Si ser mariscal de campo sería lo mejor para él, te ruego que ayudes a allanar el camino. Si otra posición pudiera encajar mejor con los talentos que le diste, ayúdalo a ver cuál es su voluntad para él'. ¿Esto tiene sentido para ti, Sergio?".

"¡Órale!, ¡Órale!, Creo que sí, esa es una forma completamente nueva de orar. No debería estar orando para que se haga mi voluntad, quiero decir, como si supiera lo que es mejor para mi hermano o mi hijo. Dios sabe lo que es mejor, y eso es por lo que debería estar orando".

Era hora de pasar a la siguiente parte de la tabla.

"Las primeras cuatro tablas tienen que ver con Dios; las últimas tres con nosotros". Las sombreé para mostrar la división.

"¿Cuáles son sus pensamientos sobre *Danos hoy nuestro pan cotidiano?*".

"Bueno, dado que las cosas han estado pasando en dos últimamente, diría que significa que Dios me proporciona comida, un trabajo y todas las otras cosas que necesito para vivir." Yo asentí con la cabeza.

"Y probablemente significa lo que hay en el librito que mi esposa lee todas las mañanas: *Nuestro pan de cada día*. Y supongo que probablemente significa algo más, ¿verdad?",

"Lo has hecho bastante bien en este caso, Sergio. Pero recuerda, no eres un lobo solitario en este mundo. Este es el lugar en el Padre Nuestro donde oras por los demás: por la artritis de la tía Mabel, la adicción de tu amigo Juan, todos los miembros de tu familia, la ruptura de María con su esposo…".

"¿Quieres decir en la forma en que oramos acerca de la voluntad de Dios, ¿verdad? Solía orar para que Dios sanara la artritis de la tía Mabel, pero esa es mi voluntad, ¿verdad? Ayúdame en esto, Pat".

"Usaría una oración de *elevar un clamor* para la tía Mabel, algo como esto, 'Padre, mi tía tiene una gran incomodidad con la artritis. La levanto a Tu misericordia y compasión. Muéstrale Tu presencia en su sufrimiento y hazle saber que nunca la olvidarás ni la abandonarás. Y si curas su artritis, ¡qué fantástico testimonio sería para Ti! En el nombre de Jesús, amén'".

La mirada en la cara de Sergio estaba en algún lugar entre el alivio y la gratitud, como si alguien lo hubiera invitado a salir de un paisaje estéril a un hogar cálido y acogedor.

"Me has dado una nueva mirada a la oración, Pat. Estoy empezando a ver cómo puedo orar continuamente sin aburrirme de mi mente o decir lo mismo una y otra vez".

Hablamos varios minutos más sobre nuestro pan de cada día y cómo Dios nos proporciona todo lo que necesitamos, tanto físico como espiritual, especialmente lo espiritual. Sergio mantuvo su pluma en movimiento.

"Sergio, hemos cubierto esta petición bastante bien. Vamos a echar un vistazo a *Perdónanos nuestras deudas como nosotros perdonamos a nuestros deudores*.

Esto no significa que sigamos confesando los mismos pecados una y otra vez. Confesamos lo que hemos hecho o no hecho últimamente. Para mí, es perder los estribos con mi esposa o no leer la Biblia durante dos días. Para ti, podría ser estar tomando 'sólo un poco de bebida' en el bar con tus amigos. O dormir hasta tarde un domingo por la mañana en lugar de ir a la iglesia con tu esposa e hijos.

Pero es más que simplemente decir que lo sientes por hacer o no hacer algo. Es arrepentirse de lo que has hecho, lo que significa prometer no volver a hacerlo. El remordimiento es una cosa; el arrepentimiento es algo completamente diferente".

"Absolutamente, ya me he arrepentido de no ir a la iglesia. Le he dicho a Liz que iría con ella y los niños a partir de ahora. Es como si hubiera trazado una línea en la arena para no faltar nunca la iglesia el domingo. Pero ¿y si no voy un domingo? ¿Qué sucede con mi arrepentimiento y mi promesa y la línea en la arena?".

"Simple. No somos personas perfectas. Si fallas un domingo, arrepiéntete, pide perdón a su esposa y dibuja otra línea en la arena. Simplemente no lo hagas con demasiada frecuencia, o perderás su confianza y respeto, puedes hacer lo mismo con tomar una pequeña bebida.

No te golpees, ni dejes que Satanás te acuse de ser un perdedor. Arrepiéntete y dibuja otra línea en la arena que nunca volverás a beber. Y dile a Dios que no quieres perder Su presencia ni a tu familia. Recuerda que es un proceso. Si cruzas una línea, espero que no dibujes una nueva línea y la cruces al día siguiente. La distancia entre las líneas debe ser cada vez mayor hasta que ya no las cruces.

Creo que el *Perdonar a los demás* se explica por sí mismo, ¿verdad?" Sergio asintió con la cabeza.

Estábamos en la tabla *Y no nos dejes caer en tentación, sino líbranos del maligno.*

"Entiendo el líbranos del maligno, pero ¿por qué Dios nos llevaría a la tentación?".

"Mi opinión es que le estamos pidiendo a Dios que nos guíe por caminos lejos de la tentación. Para ti, Sergio, eso significaría pedirle a

Dios que te aleje de tus proveedores de metanfetamina y los amigos con los que te drogaste y el estrés que te pone en el camino de la tentación".

"Lo entiendo ahora, Pat. No lo hice antes. Ahora sé cómo orar continuamente; pero conociéndote, apuesto a que hay otras cosas".

"Siempre hay otras cosas Sergio, pero debes caminar antes de correr. Hablemos de la oración en general, y luego te daré una técnica más para la oración y terminaremos allí".

"Estoy a bordo", dijo Sergio con una risa.

"Probablemente lo más importante de la oración es verla desde el punto de vista de Dios. Necesitamos pasar de pensar en Dios como parte de nuestra vida a darnos cuenta de que somos parte de Su vida. Cuando hacemos ese cambio en el punto de vista, Dios misteriosamente se mueve desde los bordes de nuestra experiencia de oración hasta el centro mismo".

Vi como Sergio escribió eso en su cuaderno y luego dibujó un círculo alrededor de él, y luego puso dos asteriscos en frente del círculo. Cuando vio que yo lo estaba mirando, se sonrió.

Miré el reloj en la pared. Me miró y vio que nos quedaban diez minutos.

"Pat, ¿vas a poder dar esa otra técnica antes de que tengamos que irnos?"

"No hay problema. Es fácil de entenderlo Sergio. Lo lograremos, a menos que hagas demasiadas preguntas".

"Mi boca está cerrada y mis oídos están abiertos".

"Yo lo llamo *orar a cada paso*, lo que significa que oras cada vez que cambias de hacer una cosa a otra cosa. Por ejemplo, cuando te levantas por la mañana, oras. Y cuando vas al baño para prepararte para el día, y cuando haces café y desayunas. Luego oras en el camino al trabajo y sobre los correos electrónicos que lees a primera hora y antes de cada interacción con una persona diferente. Y sigues así hasta que te vayas a la cama por la noche. ¿Eso tiene sentido?"

"Lo tiene, pero ¿por qué oro?".

"No te preocupes por eso. El Espíritu Santo te lo mostrará. Has orado poco debido a tu autodependencia. Cuando veas que tu vida depende de Dios, orarás mucho".

Tuvimos previsto reunirnos de nuevo en una semana. Llegaría a leer la Biblia fielmente cada día, pero con lo que cubrimos sobre la oración, ¿podría incorporar todo eso en su vida, o se daría por vencido a mitad de la semana? Planeé orar mucho por Sergio durante los próximos siete días.

Capítulo diez
Paso 6: El resto del plan.

"Pero yo, cuando sea levantado de la tierra, atraeré a todos a mí".

Juan 12:32

Jesús es como un imán, cuanto más nos acercamos a Él, más poderosa es Su fuerza para atraernos hacia Él.

Recibimos al Espíritu Santo en el momento de nuestra salvación. Siempre estamos en Su presencia porque Su presencia siempre está en nuestro espíritu. Cuando nosotros, por malas decisiones nos alejamos de Él en nuestras almas, Su poder de atracción se vuelve más y más débil, y estamos abiertos a seguir nuestro propio camino y el camino del mundo.

¿Cómo nos acercamos a Él? Ya hemos encontrado que leer la Biblia diariamente y orar continuamente son dos formas muy importantes. En este capítulo, descubriremos seis más.

LA HISTORIA DE SERGIO PARTE 3

La semana siguiente llegó tan cierto como la siguiente hora, y estábamos de vuelta en la sala de conferencias de la cafetería.

Habíamos tomado nuestra cafetera habitual y dos tazas en el mostrador y las estábamos llenando cuando le pregunté a Sergio lo que tenía en mi mente en ese momento.

"Bueno, Sergio, ¿cómo te fue la última semana con tu oración?"

"¡Increíble!", respondió antes de tomar un sorbo lento de café muy caliente. "Agradecí a Dios a cada paso del primer día, pensando cuando dijiste que debemos orar como si tu vida dependiera de Él.

Empecé a orar el Padre Nuestro como me mostraste temprano en la mañana y durante todo el día y antes de irme a dormir por la noche, eso me fue muy bien.

"La mañana del tercer día, recordé cómo el Espíritu Santo me mostraría qué decir cuando oro a cada paso. Pensé que había hecho bastante bien por mi cuenta, pero ahora quería saber lo que el Espíritu Santo tenía que decir.

"Muéstrame el camino, Espíritu Santo", dije, y lo hizo. De la nada surgió esta idea de orar versículos de las Escrituras".

Había usado ese método durante años, pero no había querido decírselo a Sergio y abrumarlo. ¡Qué emocionante que el Espíritu Santo lo introdujera a usar ese método de oración!

"¿Cómo seleccionas los versículos?"

"Esa es la parte divertida. Yo no; el Espíritu Santo lo hace. Sabes, estaba leyendo el capítulo 5 de Mateo el sábado por la mañana cuando me topé con Las Bienaventuranzas. Nunca había oído hablar de ellas antes. Entonces una voz dentro de mí me instruyó a orar las ocho bienaventuranzas, una cada día. Hoy toca en *Bendito los misericordiosos, porque se les mostrará misericordia*. Supongo que cuando haya terminado con todas ellas, Él me va a mostrar los versos que vienen a continuación".

¿Era este el mismo Sergio con el que me encontré hace tres semanas? No podría haber aprendido a convertirse en un hombre de oración tan rápidamente por su cuenta. El poder del Espíritu Santo renovó su pensamiento y sus hábitos. Ya no era un hombre natural siguiendo su propia voluntad; era un hombre espiritual transformado por el Espíritu Santo.

"¿Oran por todos los que se reúnen cada día y por cada encuentro o encuentro que tienen?" Pregunté, con el fin de pasar a las siguientes tres maneras de permanecer cerca de Dios.

"Absolutamente, podría decirles mucho más, pero espero averiguar qué más puedo hacer para apegarme a Jesús como pegamento".

Él estaba en la misma pista que yo. Vertí más café en mi taza y me acerqué a la pizarra.

"Pasamos mucho tiempo en las dos primeras piezas del plan porque son muy críticas. Los otros también son importantes, pero más fáciles de entender. ¿Qué crees que sigue?".

Se sentó y rodó la pregunta en su mente. "Bueno, la iglesia tiene que encajar allí en algún lugar, supongo".

Escribí *Asistir a una iglesia llena de Espíritu* en la pizarra y puse un 3 delante de ella.

"Echemos un vistazo a la *Iglesia*." Le pedí a Sergio que volviera a Hebreos 10:24-25 y lo leyera en voz alta:

"Preocupémonos los unos por los otros, a fin de estimularnos al amor y a las buenas obras. No dejamos de congregarnos, como acostumbran a hacerlo algunos, sino animémonos unos a otros, y con mayor razón ahora que aquel día se acerca".

"Muy bien Sergio. La iglesia primitiva hizo hincapié en reunirse juntos. Sus reuniones estaban llenas del Espíritu y consistían en alabanza, adoración, canciones y aprendizaje acerca de Jesucristo. Sin embargo, no todas las iglesias de hoy están llenas del Espíritu. Algunos predican más de un evangelio social. No hay nada de malo en eso, pero necesitas una iglesia que te enseñe sobre el verdadero Jesús y tiene en su mayoría miembros que son serios seguidores de Cristo".

"Ese es el tipo de iglesia a la que mi esposa va, y a veces voy con ella. Pero será mejor que vaya todo el tiempo, ¿eh?".

"Sí, como todos los domingos a menos que no puedas. Y tienes que hacer algo más que ir a la iglesia. ¿Quieres participar en ella -

como unirte a un estudio de la Biblia, ser un ujier, presentarte para los días de limpieza, y ser parte de otras actividades de la iglesia?".

Sergio escribió todo eso.

"Eso nos lleva al cuarto elemento, Sergio", mientras escribí *Pasar tiempo alrededor de sus compañeros creyentes* y puse un 4 frente a él. "No voy a decirte con quién *no* pasar el rato. Voy a decirte con quién *pasar* el tiempo, y eso es con hermanos creyentes. Los encontrarás cuando ayudes en tu iglesia. También los encontrarás con *Estar involucrado en estudios bíblicos*", entonces escribí en la pizarra y puse un 5 frente a él".

Sergio tenía una ligera sonrisa en su cara.

"¿Dónde está eso en la Biblia, Pat? Dijiste que este era el plan de la Biblia, no el tuyo ni el mío, probablemente tengas el pasaje en la punta de tus dedos".

Sonreí porque tenía el verso al alcance de mi mano. Giré la página hacia Mateo 18:20 y leí:

"Porque donde dos o tres se reúnen en mi nombre, allí estoy yo en medio de ellos".

"Bueno, esa sí que lo encontraste rápido," dijo Sergio mientras escribía, "¿cuántos quedan?".

"¿Cuántos crees que quedan, Sergio?".

"Probablemente alrededor de cien, pero no hay tiempo para eso. ¿Qué tal dos grandes más? Eso nos llevará a siete y eso será manejable, de todos modos, se nos acabará el tiempo".

Sergio estaba en el extremo inferior con 100 maneras de permanecer cerca de Jesús, pero no teníamos tiempo para cubrir cosas tales como devocionales y libros cristianos, tocar música cristiana en la radio, o asistir a conferencias y retiros cristianos.

Además, incluso una lista de quince habría inundado su mente y volcado su memoria.

"Dos serán entonces. Hay una importante que no quiero perderme. ¿Quieres adivinar cuál es?".

Él sacudió la cabeza negativamente.

"Necesito estar cerca de Jesús tanto como tú, Sergio. Esta siguiente es por lo que me reúno contigo y porque soy capellán en la cárcel del condado de Wright y porque visito cárceles e instalaciones de rehabilitación en todo Minnesota. Echa un vistazo a Santiago 1: 1 y eso debería informarte cuál es el sexto elemento".

Sergio volteó a Santiago 1:1 y leyó:

"Santiago, siervo de Dios y del Señor Jesucristo".

"Ahora vuelve a Marcos 10:45, léelo y luego dime cuál es el sexto elemento" …

"Porque ni aun el Hijo del Hombre vino para que le sirvan, sino para servir, y para dar su vida en rescate por muchos".

"*Servicio en el nombre de Cristo*", dijo Sergio con una mirada de certeza. "Exactamente. ¿Necesitas más explicación que eso?".

No pensé que lo haría. Sergio miró el reloj.

"Solo nos quedan treinta minutos. Dejaré que el Espíritu Santo me revele el resto por la mañana".

¡Qué maravilloso! Eso era una iluminación especial. Él no tenía que averiguarlo todo, tendría un Ayudador que le informaría lo que debía saber.

"Cuál es la última?".

Lo escribí en la pizarra y puse un número 7 delante; *Cuéntales a otros sobre Jesús*.

"Eso significa decirle a tu familia y amigos que has decidido seguir a Jesús y dejado que Él te lleve a la sobriedad y se haga cargo de tu vida".

Sergio levantó la mano para señalar que quería interrumpirme, estaba respirando rápido.

"Eso es lo que quería decirte ahora mismo. No le dije a mi esposa que iba a dejar de beber y tomar drogas, como me dijiste que no lo hiciera. Ella había escuchado esa promesa cien veces antes. Le conté sobre nuestro encuentro juntos y que había decidido seguir a Jesús, sin volver atrás. Ella me dio un abrazo que creo que agrietó unas cuantas costillas. Y ella me dijo que eso es lo que había estado orando durante los últimos cinco años. Entonces ella lloró, yo también".

Yo estaba al borde de las lágrimas por la transformación de un hombre siguiendo a Jesús y un matrimonio salvado.

"Eso es fantástico, Sergio. Tu esposa ya es una creyente. ¿Ha hablado con alguien más en tu familia o amigos que no son creyentes o son cristianos débiles?".

"No. Tengo miedo de hacerlo. ¿Quién soy yo para decirle a nadie cómo vivir sus vidas? ¿Por qué alguien que me conoce quiera escuchar una palabra que yo diga?".

"No tienes que decirles lo que deben o no deben hacer o enseñarles acerca de Jesús. Solo tienes que contarles tu historia, se llama compartir tu testimonio, eso es lo que Jesús le dijo al hombre que acababa de liberar de una legión de demonios en Marcos 5:19".

"Vete a tu casa, a los de tu familia y diles todo lo que el Señor ha hecho por ti y cómo ha tenido compasión de ti".

El reloj dio las 10 de la mañana, y terminamos. Antes de salir por nuestros caminos, oré por Sergio y lo alenté a hacer del plan que había aprendido de la Biblia un hábito diario.

También le dije en términos muy claros que no podía caminar este viaje por su cuenta. Necesitaba que algunos cristianos fuertes caminaran junto a él y lo ayudaran a permanecer en la luz, porque el mundo y sus tentaciones siempre estarían cerca esperando para enrollarlo como un pez que luchaba.

"Bueno, Pat, tengo un cristiano vivo en el que puedo apoyarme: mi esposa. Y tengo un amigo cercano que me llevó a Cristo hace diez años y me ha estado molestando desde entonces para ser más como Cristo, como él dice. Estaría encantado de caminar a mi lado, como dices. ¿Es eso lo que quieres decir?".

Sonreí cuando dije: "Es exactamente lo que quiero decir".

Este es un resumen de lo que se escribió en la pizarra:

1. Leer la Biblia diariamente.
2. Orar continuamente.
3. Asistir a una iglesia llena del Espíritu.
4. Pasar tiempo alrededor de sus compañeros creyentes.
5. Participar en estudios bíblicos.
6. Servir en el nombre de Cristo.
7. Contar a otros acerca de Jesús.
8. Tener al menos un cristiano fuerte para servir como mentor.

Capítulo Once
Paso 7: Ejecutar el plan.

"Todo esto", dijo David, "ha sido escrito por revelación del Señor, para darme a conocer el diseño de las obras".

1 Crónicas 28:19

Un cierto hombre entró en una gasolinera y pidió instrucciones para llegar a cierta iglesia que había prometido ayudarlo a volver a ponerse de pie. No tenía un centavo, ni hogar y no había tenido trabajo durante dos meses.

Escuchó atentamente las instrucciones que le dieron, ya que no había estado en esa parte de la ciudad antes. Cuando el gerente de la estación le preguntó si entendía cómo llegar a la iglesia, él respondió: "¡Perfectamente!".

Luego salió por la puerta y caminó hasta el final de la cuadra, regresó a la estación y se sentó en un sofá contra la pared del fondo. Al final del día, salió de la estación y regresó a casa.

Esta historia demuestra cómo aquellos con un plan para cambiar sus vidas pueden ejecutarlo mal o no en absoluto.

LA HISTORIA DE BRUNO

Durante un estudio bíblico del domingo por la tarde de Gedeón, la cárcel del condado de Wright, Bruno tomó una decisión sincera de aceptar a Jesucristo como su Salvador y seguirlo y vivir en Su luz.

Asistía a los servicios de la iglesia todos los domingos en la cárcel y pasaba el tiempo alrededor de otros creyentes cristianos en su unidad que lo alentaban en su fe recién descubierta. Comenzó a leer la Biblia al menos dos horas al día. Se convirtió en parte de un grupo de oración en la cárcel y aprendió a ser un guerrero de oración.

Bruno habló con otros internos sobre cómo había vivido en la oscuridad hasta que llegó a la luz de Cristo. Luego los animó a tomar la misma decisión. En resumen, él era un cristiano apasionado y un embajador de Cristo.

Unos días antes de ser liberado, Bruno y yo hablamos sobre lo que haría para dejar de drogarse y permanecer fuera de la cárcel. Con determinación en su voz y cara de piedra, abrió la conversación con una proclamación que he escuchado muchas veces.

"Hablo en serio, Capellán. Esta es mi última vez en la cárcel. Cuando salga de aquí, salgo de aquí para siempre".

No hay duda de que él creía esa promesa. Yo estaba menos seguro.

"¿Estás seguro de eso Bruno, que nunca volverás a poner un pie en la cárcel? Espero que eso sea cierto para ti, pero ¿cuál es tu plan?".

Me miró como si le hubiera pedido el plan de la cárcel en la que estábamos en ese momento.

"Te acabo de decir mi plan. He terminado con la cárcel y nunca voy a volver, es un hecho, nunca voy a poner un pie aquí de nuevo".

"Eso no es un gran plan, Bruno. ¿Qué hay de todas las cosas de las que hablamos?".

"Pensé que lo llamábamos una hoja con la ruta, ya sabes, leer la Biblia y orar y las otras cosas que escribí. ¿Es eso lo que significa un plan?".

Se refería a la rutina de encontrarlo en la Biblia que hice con Sergio en los últimos tres capítulos.

"Bueno, una hoja de ruta describe *el qué* y *el por qué*. Un plan para ejecutar describe el *cómo*".

"Sea como sea, pero como te acabo de decir, no volveré, primero Dios, ese es mi plan. Yo no era cristiano cuando estaba vendiendo y usando drogas antes, ahora lo soy eso me mantendrá fuera de la cárcel, eso y las cosas que escribí de nuestra conversación, ya sabes, la hoja con la ruta".

Bruno sonaba como el hombre que entró en la gasolinera. Conocía las instrucciones (la hoja con la ruta) pero no estaba comprometido a seguirlas. Era sincero pero ingenuo, como un joven soldado valiente que entra en su primera batalla, sin darse cuenta de que el enemigo estaba tan bien equipado como él.

Necesitaba desafiarlo, pero quería hacerlo muy bien. Pregunté en una voz tan casual como pude.

"¿Planeas leer la Biblia todos los días como aquí?".

"Por supuesto, tal vez más como una hora al día después de conseguir un trabajo y un lugar para quedarme y cosas por el estilo. Pero la leeré todos los días, seguro que lo haré. Y estaré orando todos los días como todo lo que hablamos y encontraré una iglesia llena del Espíritu a la que iré y entraré en un estudio bíblico de inmediato. Y las otras cosas de las que me hablaste. Lo tengo todo escrito. Si eso es lo que quieres decir con un plan, lo tengo.

Y voy a ir a las reuniones de Recuperación y Narcóticos Anónimos sobre una base regular como hablamos. Eso también está en mi hoja de ruta, me refiero a mi plan. Sé que tengo que hacer eso, como dijiste, no puedo hacerlo por mi cuenta".

Suspiré y decidí no insistir más fuerte, solo lo antagonizaría. No entendía la diferencia entre un plan como algo escrito en un pedazo de papel (una hoja de ruta) y un plan para ejecutar (es decir, llevar a cabo) lo que está escrito.

"Eso es genial, Bruno. Asegúrate de llamarme una vez a la semana, para que puedas mantenerme al día de cómo lo estás haciendo".

"Seguro que lo haré, Pat".

No dudé de su sinceridad. Era un hombre con una hoja de ruta, pero ya antes había visto presos con hojas de ruta y terminaron de vuelta en la cárcel porque no los ejecutaron con éxito. Esperaba que Bruno no fuera uno de ellos.

Recibí mi primera llamada de él exactamente una semana después.

"Tengo mi plan justo en frente de mí Pat, y me mantiene recto. Tengo una entrevista de trabajo mañana en una planta de fabricación, necesitan diez soldadores para un gran contrato".

"Suena genial Bruno, envíame un mensaje de texto si consigues el trabajo, y luego vamos a hablar de nuevo en una semana".

"Claro, Pat".

Me di cuenta de que estaba emocionado por la forma animada en que hablaba, como un niño pequeño diciéndole a un amigo que sus padres le habían comprado su primera bicicleta. Recibí un mensaje de texto al día siguiente en la tarde.

"Tengo trabajo. Comenzó hoy. Mucho trabajo. $19 horas. Muchas horas extras. 12 horas hoy. Trabajo el sábado. ¡$$$! ¡Újule! ¡Padrísimo!"

Le envié un mensaje de vuelta. *"Buenas noticias, pero preocupado por todas las horas. ¿Cómo eres capaz de seguir el plan?".*

Él me envió un mensaje de vuelta al día siguiente. *"No hay tiempo para el plan en este momento. Trabajando demasiadas horas. No hay tiempo para problemas. Llego a casa, voy a la cama. Tengo tiempo en 3 semanas – he hecho gran contrato".*

Llamé a Bruno el domingo siguiente al mediodía. Estaba empezando a preocuparme por una recaída. Él respondió en el sexto timbrazo y sonó como si acabara de despertar.

"¿Cómo te va, Bruno?"

Apenas podía oírlo murmurar y tropezar.

"No tan bien. Vendieron la casa en la que me quedo y tengo que encontrar otro lugar. Y acabo de descubrir que mi madre tiene cáncer y no vivirá sino un par de meses. Todo se me vienen abajo, esto me pega muy duro, Pat. Yo estaba en casa de un amigo, y él estaba fumando metanfetamina, por poco me doy uno, pero hice una promesa que no voy a romper".

No escuché de Bruno después de eso. Él no respondió a mis llamadas o mensajes de texto. Cuatro semanas más tarde apareció en la cárcel. Había estado bebiendo en un bar y se metió en una pelea. Su oficial de libertad condicional lo escribió una reseña de comportamiento y regresó a la cárcel, la misma cárcel que prometió nunca volver a poner un pie.

Lo vi en el área de programas, con la cabeza baja, tratando de fingir que no me vio.

"Bruno", dije con una voz que no podía ignorar, "Hablemos".

El sargento de programas dio autorización, y fuimos a una sala de reuniones. Bruno decidió decir la primera palabra cuando cerré la puerta.

"¿Qué puedo decir, Pat? Me equivoqué realmente. Mi vida fue un desastre. No pude encontrar un lugar para quedarse y me mudé con mi amigo que toma metanfetamina. Estaba trabajando más y más horas. Mi padre no quería que viniera a casa a ver a mi madre. Me dijo que ella no necesita un drogadicto y delincuente a su alrededor. Mi novia me dijo que me perdiera. No podía aguantar más y tomé un poco de metanfetamina para manejar la vida. Pero siempre estaba en casa de mi amigo, así que no me atraparon. Entonces empecé a beber, fui a un bar, me metí en una pelea, y aquí estoy".

"¿Qué pasa con el plan con el que saliste de aquí?"

No me sorprende que no me respondió. Él no dijo nada, y yo no dije nada.

Con la cabeza baja y la voz vacilante, rompió el silencio. "No tuve tiempo de hacer mucho del plan. Fui a la iglesia el primer domingo e hice una reunión de Recuperación en Narcóticos Anónimos una vez. Encontré a un tipo allí que dijo que sería mi patrocinador, pero nunca volví a él".

Él comenzó a romperse en llanto.

"Supongo que sé lo que quieres decir con un plan ahora. Tenía una lista de cosas que hacer. Lo llamaste mi hoja de ruta. Pero no pude hacerlo, Pat. Dije que podía, pero no podía a causa de que no tenía un plan para llevarlo a cabo. Leí la Biblia tal vez un par de veces y solo oré antes de las comidas, y luego ni siquiera eso, la vida me engulló, perdí a Jesús a lo grande".

Es difícil ver a un hombre adulto gritar de desesperanza, hablé con voz suave.

"Tienes razón cuando dices que no puedes hacerlo por tu cuenta, ninguno de nosotros puede".

Miró hacia arriba, y las lágrimas se derramaron.

"¿Qué puedo hacer entonces, Pat? ¿Cómo puedo mantenerme sobrio y fuera de la cárcel? Estoy listo para rendirme".

Actuó sorprendido y dejó de llorar cuando dije: "Ese es un gran lugar para estar, Bruno".

"¿Qué?", dijo con una mirada de incredulidad, "¿Cómo puede ser algo bueno rendirse?".

"Porque cuando llegas al final de ti mismo, entonces Dios puede hacerse cargo. ¿Quieres dejar que se haga cargo de la vida que has renunciado?".

Bruno estaba sin palabras y sólo podía salir un, "Supongo. ¿Qué otra opción tengo?".

"¿Tienes la hoja de ruta con la que saliste de aquí?", le pregunté.

"¿Te refieres a la que no tenía un plan a seguir?", dijo con una risa falsa. "Sí", respondió.

"El plan sobre el que no hiciste nada es como el plano de una casa, Bruno. No hace ningún bien a nadie a menos que los trabajadores vengan a un sitio con materiales y un plan para construir la casa desde el plano".

No me sonreí y le hablé sin tapujos y francamente. Ya era tiempo de poner manos a la obra.

Bruno tenía una cara que reflejaba la mía. Y dijo, "Todavía tengo el plan en mi Biblia".

Sonreí para tranquilizar a Bruno y hablé con una voz alentadora. "Estaré aquí la próxima semana el jueves. Trae tu Biblia y el plan escrito contigo, y hablaremos sobre cómo puedes ejecutar ese plan en la vida real y en tiempo real".

El próximo jueves llegó, y Bruno y yo estábamos en la misma sala de reuniones.

"Aquí está el plan", dijo Bruno. Me incliné hacia adelante en mi silla.

"¿Qué valor tiene esto, Bruno?" Parecía saber a dónde iba.

"No hay valor si no lo llevo a cabo. ¿Me puedes decir cómo llegar a un plan para hacer eso?".

Su voz era demasiado tibia. Necesitaba estar en llamas si esto iba a funcionar.

"¿Hacer qué, Bruno?"

Me dio una mirada divertida.

"¡Muéstrame cómo llevar a cabo el plan de Dios para mi vida! ¿Qué crees que quise decir?".

Esta vez su voz tenía algo de pasión en ella.

"¿Es eso lo que realmente quieres, Bruno, ¿más que cualquier otra cosa en este mundo?".

Creo que él entendió lo que estaba buscando mientras me miraba a los ojos.

"Sí, Pat, eso es lo que realmente quiero. Si quieres que escriba en mi propia sangre que estoy comprometido a seguir adelante con el plan de Dios para mi vida, lo haré. Un litro de mi sangre si es necesario".

Me reí.

"No creo que se necesite un litro de sangre, Bruno, tal vez una media pinta servirá".

Él se rio.

"OK, una media pinta entonces".

Me levanté, abrí la puerta y bajé a la oficina de Programas, donde recogí cinco hojas de papel para escribir y un bolígrafo prestado que prometí traer de vuelta. La Sargento Francis levantó las cejas.

"¿Tenemos una pequeña tarea de escritura para Bruno?" ella preguntó. "De hecho así es", me reí.

Cuando regresé a la sala de reuniones, le entregué los papeles y el bolígrafo a Bruno antes de sentarme.

"Prepárate para empezar a escribir, Bruno. Vas a escribir cómo ejecutarás el plan de Dios, paso a paso".

Agarró una hoja de papel, la puso sobre la mesa en diagonal en una posición de escritura, y puso el bolígrafo en la parte superior.

"Supongo que lo que vamos a hacer es elaborar un plan para ejecutar el plan".

"Así es."

Empujé mi silla hacia atrás y me acerqué a la pizarra fijada a la pared.

"Comencemos con un plan para leer la Biblia diariamente. Antes de hacer eso, ¿entiendes ahora que no puedes tomar un trabajo o involucrarte tanto en otras cosas hasta el punto en que no tienes tiempo para llevar a cabo tu hoja de ruta de libertad de drogas y cárcel?".

Su cabeza cayó hacia abajo avergonzado.

"Ya me sé eso. No voy a cometer ese error de nuevo. Pondría dos litros de sangre en eso".

Con eso, se rio. Me alegré de verlo serio y bromeando.

Escribí en la pizarra *Leer la Biblia diariamente* y puse un 1 delante de él. "No se puede simplemente *decir* que vas a leer la Biblia todos los días. Debes tener una estrategia para *ejecutarlo*. Te sugiero que establezcas una media hora por la mañana para leer la Biblia, meditar en ella y orar sobre lo que estás leyendo. Luego vuelva a hacerlo antes de irse a dormir por la noche, así que es lo primero que haces por la mañana y lo último que haces por la noche. También te sugiero que guardes la pequeña Biblia de Gedeón que te di en el bolsillo durante el día, y haces todo eso sin falta".

Bruno estaba escribiendo furiosamente en el papel que le había dado. "¿Qué pasó con la oración, Bruno?".

Bruno terminó de escribir sobre la lectura de la Biblia y levantó la vista. "Aproximadamente lo mismo que la Biblia, no tuve tiempo".

Suspiré, no porque no esperara que esto sucediera, sino porque lo que temía que sucediera sucedió.

"Recuerda cómo hablamos de que el Padre Nuestro es el esquema de toda oración, ¿verdad?".

Asintió como un niño pequeño que acababa de admitir a su madre que se había olvidado de llevar su trabajo escolar a casa.

"Puedes orar el Padre Nuestro durante todo el día, una petición a la vez. Por ejemplo, puede reconocer la gloria de Dios y bendecir Su nombre durante tu hora de lectura de la Biblia por la mañana. Y puedes orar para que Él te muestre cómo avanzar en Su reino ese día. En cualquier momento durante el día, cuando tengas que tomar decisiones, puedes orar: 'No se haga mi voluntad sino la tuya'. Establece una meta que le pedirás Su voluntad que se haga, al menos cinco veces durante el día".

Hice una pausa para dejar que Bruno se pusiese al día con su escritura.

"Creo que lo tengo", dijo. "También puedo agradecer a Dios al menos cinco veces al día por darme lo que necesito para vivir: mi pan de cada día. Creo que le pediré que me aleje de las situaciones de tentación en mi tiempo de la mañana con él y otra vez durante el día si recibo una llamada de mi amigo que usa metanfetamina para venir esa noche para relajarse".

Sentí una buena vibración en mis huesos con lo estaba recibiendo. "¿Qué tal el perdonar y ser perdonado?".

Los ojos de Bruno parpadeaban.

"Estaba llegando a eso, Pat. Lo haría antes de irme a dormir como una última mirada al día. Pediré perdón a Dios por las cosas que hice o no hice que no siguieron Sus mandamientos. Él me dice que ame a los demás, pero tal vez dije una mala palabra en la tienda de comestibles cuando tuve que esperar demasiado tiempo en la fila. Y podría perdonar al inspector por hablar con el cliente frente a mí que obviamente era alguien que conocía. Ya sabes, cosas por el estilo".

Sonreí y desafié a Bruno.

"¿Qué pasa con las cosas que no hiciste ese día que deberías haber hecho?".

"Estaba a punto de llegar a eso. Si no leí la Biblia según lo planeado o me quedé corto en orar durante todo el día o agradecer a Dios al menos cinco veces, me arrepentiría de eso antes de irme a dormir y prometería hacerlo mejor al día siguiente. Sé que no puedo seguir el ritmo por mi cuenta. Lo he demostrado demasiadas veces".

Me senté allí con la boca abierta y mis cejas arqueadas. Él sabía más de lo que le di crédito.

"Bien. Tienes una lista de verificación incorporada para revisar el día. ¿Qué más hay en esa lista?".

"Si es domingo, ¿fui a la iglesia no solo en cuerpo sino también en espíritu? Si es martes, ¿fui a la reunión de Celebración de Recuperación a las 7 p.m.? Si es un miércoles, ¿asistí a mi reunión de Narcóticos Anónimos?"

Me senté en mi silla y dejé que Bruno continuara. Me dije que no lo volvería a interrumpir hasta que terminara de describir su lista de verificación al final de cada día.

Él continuó.

"Creo que me fijaré la meta de tener al menos tres amigos cristianos con los que pueda hablar sobre Jesús. Ese será fácil. Ya te tengo, estaré hablando una vez a la semana. Y mi patrocinador de adicción a las drogas es un creyente con el que tocaré la base una vez a la semana. Eso solo deja a un creyente una semana con quien hablar".

Me había prometido no interrumpirlo con preguntas adicionales, pero sentí que necesitaba ofrecerle algunos consejos aquí.

"Eso es realmente bueno Bruno. Tres es suficiente por ahora. Debes tener cuidado de no establecer la vara demasiado alta que no puedas alcanzarla. Entonces te patearás por no estar a la altura de tus objetivos. Siempre se puede restablecer el número de personas cristianas con quien pasar el rato más adelante. De acuerdo, voy a mantener la boca cerrada de ahora adelante y dejarte seguir".

"No, no, Pat. Necesito consejo. Como dijiste, no puedo hacerlo por mi cuenta". Remarcó lo que había dicho con un asterisco delante de él.

"Creo que me quedan dos: unirme a un estudio bíblico y servicio cristiano, ¿verdad?".

"Correcto".

"El estudio de la Biblia debería ser fácil para mí. Me voy a dar tres semanas para encontrar uno que funcione mejor. Entonces será como Celebración de la Recuperación y N.A. Voy cada vez que se reúnan, a menos que no pueda, aunque de que esté cansado o demasiado ocupado o algo así. Un grupo de sábado por la mañana podría ser una buena opción para mí".

Quería animarlo a establecer su propio plan, así que apoyé lo que dijo.

"Sí, un sábado por la mañana sería un buen momento, y creo que no tendrás ningún problema para encontrar un grupo que se reúna entonces".

"Lo tengo", dijo mientras lo escribía. "Pero voy a necesitar tu ayuda en el servicio cristiano".

Bruno tenía una Biblia delante de él, y le dije que leyera Santiago 1:1.

"Santiago, siervo de Dios y del Señor Jesucristo".

"¿Qué te dice ahí, Bruno?".

"Que tengo que ser un siervo cristiano, pero ¿cómo puedo hacer eso, me refiero a, cuantas veces por semana?".

"Aquí hay una idea para ti, Bruno. Mantén un billete de cinco dólares en tu billetera en un lugar separado y llámalo 'el bolsillo de Dios'. Luego, cuando veas a alguien pidiendo junto a la carretera o alguien necesitado en una tienda de comestibles, le das los cinco dólares. De esa manera estarás buscando hacer la obra de Dios dondequiera que vayas. Pregúntale al Espíritu Santo a quién se lo darás y deja que te lo muestre".

"¡Ya lo entiendo! ¿Con qué frecuencia hago eso? No tengo mucho dinero".

"Al menos una vez al mes, más cuando sea posible. O cuando tu iglesia te pida que ayudes a limpiar un sábado, ese es el servicio cristiano, además de que estarás cerca de tus compañeros creyentes. Si un automóvil quiere pasarte por delante de ti en una carretera muy transitada, déjalo. Si una mujer te pregunta si puede seguir adelante de ti en una línea de comestibles, déjala".

"OK, Pat, creo que lo tengo. Y eso es algo en lo que puedo pensar al final del día: ¿realicé algún servicio cristiano hoy? Y si no lo hice, lo confieso y me aseguro de hacer algo en el nombre de Cristo al día siguiente".

Le dije a Bruno que tenía un plan impresionante para ejecutar su plan original y una excelente manera de hacer un control sobre sí mismo al final de cada día. Podríamos repasar su lista cuando hablábamos cada semana y revisar su progreso en convertirse en un cristiano maduro.

Bruno salió de la cárcel tres meses después.

Al principio me llamaba todas las semanas sin falta. Luego acordamos cada dos semanas. Y ahora nos reunimos una vez al mes. Nos hemos mantenido en contacto durante los últimos cuatro años, y Bruno es uno de los cristianos más fuertes que conozco. Él entiende que no puede hacerlo solo. Él necesita a Jesús y a otros creyentes que lo ayuden.

Bruno ahora patrocina a otro hombre tratando de enterrar una adicción a las drogas, y Bruno tiene una novia que es una firme creyente y es una compañera para él en mantenerse en el camino correcto. Creo que se casarán pronto.

No todo el mundo con el que trabajo es un Bruno. Él había crecido en una familia que iba a la iglesia todos los domingos. Sus padres insistieron en que asistiera a la Escuela Dominical y a un grupo de jóvenes los miércoles por la noche en la iglesia. Él sabía lo que significaba estudiar la Biblia y orar. Sus padres demostraron con sus vidas lo que significaba servir a los demás en el nombre de Cristo. En resumen, tenía los antecedentes para entender las piezas del plan que le mostré.

Pero Bruno solo mordisqueaba los rincones de la vida cristiana. No se sumergió en él como sus padres o sus dos hermanas. Nunca había invitado a Jesús a su corazón; y cuando se graduó de la escuela secundaria, siguió su propio camino y el camino del mundo. Había estado expuesto a la luz, pero en su lugar había elegido la oscuridad.

¿Qué hay de los adictos y reclusos y otros en lugares oscuros que no han tenido una introducción a la luz del Reino de Dios como Bruno? ¿Qué tal los nuevos cristianos que necesitan comenzar desde lo más básico? El siguiente capítulo es lo más sencillo posible.

Capítulo Doce
He decidido seguir a Cristo.

"Permaneced en Mí, y permaneceré en vosotros. Así como ninguna rama puede dar fruto por sí misma sin permanecer en la vid, tampoco puedes [dar fruto, produciendo evidencia de tu fe] a menos que permanezcas en Mí".

Juan 15:4 AMP

Así es como se ve una relación personal con Jesucristo, en Sus propias palabras. Es como una transfusión de sangre. Eres viejo, la sangre enferma y cansada es reemplazada por Su sangre vivificante que te hace vivir en Cristo, la luz del mundo.

Solo hay una cosa simple que debes hacer para cambiar tu oscuridad en luz como una fiel dieta constante. ¡Seguir a Jesús!

UN MENSAJE DE CAPILLA secuestrada

Un fuerte viento sacudió mi auto el 12 de junio de 2017, mientras conducía los 55 kilómetros de mi casa hasta el *Minneapolis Adult and Teen Challenge*. En una hora y media, estaría a las 8 a.m. en capilla hablando a unos 300 hombres y mujeres, era la primera vez que había hecho tal cosa.

Con tanta gente y mi primera vez enseñando en una capilla, escribí más notas de las que solía hacer. Tenía un esquema de dos páginas con algunos temas que se encuentran en este libro. Había ensayado el contexto cinco veces y me sentí cómodo en mi zona de seguridad.

Cuando pasé el último semáforo en *Buffalo* y entré en la carretera, el Espíritu Santo me llamó la atención; No soy un tipo de hombre de "Así dice el Señor". Eso significa que no escucho a Dios hablarme directamente con una voz que sale de un arbusto ardiente o una paloma que se cierne sobre mi auto, y tampoco no escucho la voz de Dios de la manera "palabra por palabra" con mis oídos internos.

Una vez hace unos 40 años, Él me habló directamente con palabras que cambiaron el curso de mi vida en un momento de gran angustia y confusión. Cuando el Espíritu Santo quiere captar mi atención, lo hace con pensamientos e ideas e imágenes que pongo en mis propias palabras. Si a alguien más se le diera el mismo pensamiento, podrían expresarlo de manera bastante diferente. O me hablará a través de personas y circunstancias que a menudo son inesperadas. En este caso, el pensamiento que saltó a mi mente era aterrador.

Llegó más como una imagen que en palabras, al igual que un viento de 70 Km/h que empujó mi coche hacia una zanja. "Lanza tus notas a la parte trasera del auto, te daré qué decir".

Saqué el coche de nuevo al carril de conducir y dije. "Hablar con 300 personas sin una nota? Eso es una locura".

Pero el pensamiento no desapareció. El Espíritu Santo tiene una persistencia que puede ser a la vez molesta y liberadora, ¿Qué podría hacer?

"Está bien, entonces lo haré", dije, mientras arrojaba las notas al asiento trasero, como un viejo periódico arrojado a un cesto de basura.

"¿Estás satisfecho ahora, Señor? Voy a hacer el ridículo cuando me tropiece frente a todas esas personas, pero si eso es lo que quieres, entonces lo haré". No estaba muy feliz.

Sentí una sonrisa en el rostro de Dios cuando el siguiente versículo apareció en mi mente:

"No se preocupen de antemano por lo que van a decir. Solo declaren lo que se les dé a decir en ese momento, porque no serán ustedes los que hablen, sino el Espíritu Santo".

Marcos 13:11

Le rogué al Espíritu Santo que al menos me diera una pista de qué decir en la capilla. Él no dudó. Ya tenía una diapositiva de punto de encendido de un formato de radio, y Él me dirigió a usar eso como una ilustración. La otra cosa que vino en mi mente fue la canción, *He decidido seguir a Cristo*, que sabía de memoria.

"¿Algo más, Señor?" No había nada más.

"Entonces, ¿eso es todo? ¿Qué pasó con un sermón de tres puntos?"

Casi podía escuchar una carcajada y un movimiento de cabeza. Oré el resto del camino en acción de gracias para que el Espíritu Santo estuviera a cargo y no me dejara morir en el escenario.

Cuando llegué al *Minneapolis Adult and Teen Challenge*, me dirigí directamente a la cabina de sonido y le pregunté si podían tocar *He decidido seguir a Cristo* como la última canción del conjunto habitual de tres canciones.

"No hay problema", dijo el sonidista.

A medida que se reproducían las tres canciones, la adoración que tenía lugar en el auditorio casi me sorprendió. Se levantaron los brazos, hombres y mujeres fueron al frente para inclinarse y orar, se dieron y recibieron abrazos, el júbilo corría desenfrenado. Prácticamente floté en el escenario cuando llegó mi turno para un mensaje de 40 minutos.

Sentí que el Espíritu Santo corría por mis venas mientras hablaba lo que Él quería que dijera. Cuando les conté una historia sobre alguien que se salvó, vitorearon y aplaudieron. Una mujer dio un fuerte silbato. Estaban entusiasmados por Jesús. Eran más que oyentes; eran participantes animados.

Nunca supe exactamente lo que vendría después mientras hablaba. Fue liberador dejar que el Espíritu Santo estuviese a cargo, y ahora es la forma en que doy la mayoría de las presentaciones.

Me salté la mayoría de las diapositivas que había preparado en *Power Point* y pasé a la ilustración de la estación de radio.

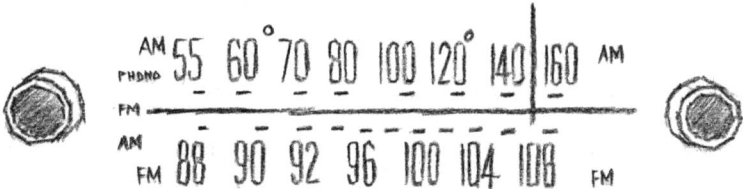

A su vez, su atención se centró en la diapositiva de la ilustración de las estaciones de radio. Pude escuchar algunos comentarios, "¿De qué se trata todo esto"? y, "¿Qué tiene que ver las estaciones de radio con Jesús?" Hice una pausa durante unos segundos para permitirles reflexionar sobre el dibujo antes de hablar.

"Piensen en su vida interior como una emisora de estación de radio. La estación sintonizada del Espíritu Santo es en 160, donde se oye a Dios alto y claro. En el otro extremo, en 55 está la estación del mundo, Satanás, y tu propio yo egoísta, donde apenas puedes escuchar a Dios.

Cuanto más cerca estás de 160, más seguro estás. Cuanto más cerca de 55, más peligro enfrentarás. Si no haces nada para mantenerte cerca de 160 lenta, pero segura regresarás hacia 55. Te prometes que será diferente esta vez cuando termines tu estancia aquí, permanecerás en sintonía con Jesús, pero has hecho y roto esa promesa antes, algunos de ustedes cinco veces o quince veces o más.

Venir a *Adult and Teen Challenge* aumenta en gran medida tus posibilidades de cumplir su promesa esta vez. Unos pocos adictos pueden permanecer sobrios a largo plazo a través de su propia fuerza de voluntad, la mayoría no puede. Descubrí que esas probabilidades se invierten para aquellos que pasan por el programa de Desafío para Adultos y Adolescentes de 13 meses: la mayoría de ustedes se mantendrán sobrios y solo unos pocos comenzarán a drogarse nuevamente. Ruego que mi mensaje les ayude en la lucha que llevan.

Aquí están los hechos difíciles: cuando te vas de aquí, vuelves a los mismos lugares y las mismas personas y tensiones en tu vida. Es difícil conseguir un trabajo cuando eres conocido como alcohólico o drogadicto o ambos. Algunos de ustedes son delincuentes, algunos miembros de su familia no quieren tener nada que ver con ustedes, ¿y si tienes una orden de restricción en tu contra? Sin duda puede llegar a ser muy difícil.

Ya no tienes tiempo para estar atento a la estación del Espíritu Santo, y te diriges a la estación donde los caminos del mundo, tus propios deseos y las tentaciones de Satanás, juegan tan fuertemente que pierdes el contacto con el Jesús que escuchaste tan claramente aquí. Su enfoque se convierte en sus problemas y las necesidades de la vida que necesitan cuidar: comida, refugio, ropa, trabajo, familia, amigos y todas las demás distracciones que forman parte de la vida. En otras palabras, la vida se interpone en el camino, y hay más de ustedes y el mundo en su vida que de Jesús. Ustedes ven, esa es la respuesta a la pregunta de cómo volver al alcohol y las drogas una y otra vez.

Sin estar sintonizado con la estación del Espíritu Santo, te quedas con tu propia fuerza, y eso no es suficiente para resistir las tentaciones. En un momento de debilidad o cuando surge un problema grave, tomarás una bebida o consumirás metanfetamina y tirarás tu sobriedad por la ventana.

Ahora, ¿qué vas a hacer para mantenerte tan sintonizado con Dios que nunca volverás a consumir drogas? Ya no estoy hablando de conceptos, los conceptos no te harán ningún bien a menos que actúes sobre ellos. Voy a explicar lo que puedes hacer para estar cerca de la Estación del Espíritu Santo".

Ecos de "amén" y "enséñanos, hermano todo lo que debemos saber" reverberó en todo el auditorio.

No voy a contar aquí todo lo que les dije, pero partes de lo que has leído en los últimos cuatro capítulos vinieron a mí. Era hora de terminar la capilla con la canción que el Espíritu Santo me ordenó pedir.

"La última canción que se tocó esta mañana fue que *He decidido seguir a Cristo*. Déjame contarte la historia detrás de esa canción. En la década de 1800, un misionero llegó al noreste de la India a una tribu de personas muy violentas. Nokseng, su esposa y sus dos hijos aceptaron a Jesús como su Salvador.

El jefe exigió que renunciaran a Jesús. Nokseng respondió: 'No, he decidido seguir a Jesús. No hay vuelta atrás.' El jefe había matado a los dos niños. Nokseng luego anunció: 'Aunque ninguno vaya conmigo, todavía lo seguiré.' El jefe había matado a su esposa.

Antes de que Nokseng fuera asesinado, oró: 'La cruz delante de mí, el mundo detrás de mí, he decidido seguir a Jesús'. El testimonio de esa aldea es que esta muestra de fe condujo a la conversión del jefe y de toda la aldea".

Podrías haber escuchado una punta de alfiler en ese auditorio lleno de 300 hombres y mujeres bulliciosos que no estaban avergonzados para demostrar sus sentimientos sobre Jesús.

"Saben, hermanos y hermanas, hemos hablado de muchas cosas hoy, pero permítanme hacerlo lo más simple posible. Si están dispuestos a seguir a Jesús en medio de todos tus luchas y problemas, conocerás de Él." En eso momento canté la canción de memoria. Cuando terminé, todos se pusieron de pie y aplaudieron por el Espíritu Santo. Ciertamente no fue para mí, ya que no soy quien orquestó la charla ni puedo cantar muy bien:

He decidido seguir a Cristo.
He decidido seguir a Cristo.
He decidido seguir a Cristo.
No vuelvo atrás, no vuelvo atrás.

Atrás del mundo, la cruz delante;
Atrás del mundo, la cruz delante;
Atrás del mundo, la cruz delante;
No vuelvo atrás, no vuelvo atrás.

Aunque ninguno se una, yo seguiré
Aunque ninguno se una, yo seguiré
Aunque ninguno se una, yo seguiré
No hay vuelvo atrás, no hay vuelvo atrás.

www.ingramcontent.com/pod-product-compliance
Lightning Source LLC
Chambersburg PA
CBHW071003080526
44587CB00015B/2329